TAO der Bachblüten

Beate Sprissler
Wulfing von Rohr

TAO der Bachblüten

Heilverfahren der Traditionellen Chinesischen Medizin in Kombination mit der Bachblüten-Therapie

Urania Verlags AG

Wichtiger Hinweis:

Dieses Buch dient der Information. Es ersetzt nicht die fachkundige Diagnose und die medizinisch angezeigte Therapie. Bitte suchen Sie bei allen ernsten Beschwerden die Beratung und Behandlung durch fundiert ausgebildete und amtlich zugelassene Therapeuten.

Für die in diesem Buch gemachten Vorschläge können weder der Verlag noch der Autor Verantwortung übernehmen.

1. Auflage: 1. – 5. Tausend 1997

ISBN 3-908645-37-9

Umschlaggestaltung: Gerd Aumann, Kreativ Design, Wiesbaden
Satz: GBS, CH-3250 Lyss
Printed in Germany

Inhalt

Anhang:

Dank

Ein großer und inniger Dank gilt den spirituellen Lehrern, Sant Darshan Singh und Sant Rajinder Singh. Durch ihre selbstlose geistige Führung helfen sie unzähligen Seelen, die Quelle von Licht und Liebe in sich wiederzuentdecken und damit die Kraft der Harmonie zu einem festen Fundament in ihrem Leben zu machen. Sie fördern mit der von ihnen gelehrten Meditation nicht nur die geistige Entwicklung, sondern die aktive Vertiefung des Wissens über alle Aspekte des Lebens, die liebevolle Zuwendung zum Mitmenschen und die Heilung mit Hilfe der schöpferischen Kraft.

Einen besonderen Dank sage ich meinen lieben Eltern, die mich von klein auf durch die Wiesen und Wälder des Schwarzwalds geführt und mit den Wundern und Kräften der Natur vertraut gemacht haben. Durch sie habe ich lernen dürfen, was es für das Wetter bedeutete, wenn sich bestimmte Wolkenformationen am Himmel bildeten, wie man die Heilkraft von Quellen erkennen kann und welche Heilkräfte verschiedene Pflanzen und Blüten in Tees, Umschlägen und anderen Anwendungen für den Menschen entwickeln.

Meinem verstorbenen Lehrer, Dr. Karl Heymann, bin ich von Herzen dankbar für seine väterliche Fürsorge, mit der er meine Ausbildung fachlich und menschlich begleitete und förderte.

Zahlreichen Kolleginnen und Kollegen bin ich für unterschiedliche Hinweise und Anregungen dankbar; vor allem danke ich Ingrid Scheller-Scheirer und Sieglinde Mühlberger.

Warum dieses Buch

Mein Hauptanliegen besteht darin, daß wir Menschen erkennen, daß wir Teil eines großen Ganzen sind. Wir tragen in uns selbst den gesamten Entwurf der schöpferischen Einheit. Die wichtigste Aufgabe auf dem irdischen Weg eines jeden Menschen besteht darin, diese Ganzheit so vollkommen wie nur möglich auch zu leben und zu verwirklichen.

Mit den Begriffen der Bachblüten-Therapie können wir so formulieren: *Wir alle sind Seelen, die aus dem Licht und der Liebe der universellen Schöpferkraft stammen. Wenn wir aus der Quelle der göttlichen Liebe und unserer inneren Seelenharmonie leben, so können wir alle Leiden ablegen, die nur entstanden sind, weil wir die Verbindung mit der Schöpferkraft vergessen haben, weil wir im Ego leben, nicht aus der Seele heraus.*

Mit den Begriffen der traditionellen chinesischen Medizin (die abgekürzt auch TCM heißt) läßt sich derselbe Gedanke etwa so ausdrücken: *Wir sind Teil des Tao, unser ganzes Sein findet im Tao statt – nicht von ihm getrennt. Unsere Leiden entstehen, weil wir uns als getrennt empfinden und in der Absonderung von der Einheit des Tao leben. Um uns zu heilen, müssen wir uns bewußt wieder in die Einheit des Tao einlassen.*

Beide Heilweisen, die TCM und die Bachblüten-Therapie, betrachten die bewußte geistige Einheit als den Ursprung des Lebens und als das beste Fundament für die ganzheitliche Gesundheit. Ein schöpferisches, erfülltes Leben in Übereinstimmung mit der Ganzheit ist der Weg zur Heilung.

Im geistigen Mittelpunkt beider Therapieansätze stehen nicht äußerliche Medikamente, sondern innerliche Bewußtseinsprozesse. Wenn wir im Sinne des Tao leben, leben wir ganzheitlich und umfassend. Das Tao schließt nichts aus, sondern alles ein. Die Bachblüten-Therapie ist ein Teil der Ganzheit, sie ist im Tao sozusagen enthalten. Wenn wir aus der Einheit «herausgefallen» sind, kann die entsprechende Bachblüte helfen, daß wir wieder zur Einheit zurückfinden.

In meiner eigenen Naturheilpraxis habe ich in bald unzähligen Fällen miterleben dürfen, wie sich verschiedene Heilweisen sinnvoll zu einem Ganzen zusammenfügen. Die Verbindung der traditionellen chinesischen Medizin und ihren Möglichkeiten der hochwirksamen

Energiearbeit mit den feinen Schwingungen der Blütentherapie und deren Chancen der Heilung von Gemütszuständen gehört zu den heilsamsten und beglückendsten Therapiekombinationen, die ich kennengelernt habe.

Dieses Buch soll:
- ein auf den aktuellen Stand der Praxiserfahrungen gebrachtes «Einsteiger-Buch» in die Bachblüten-Therapie sein, das sich vor allem an «Laien» wendet,
- eine Einführung in Heilverfahren der TCM und der Bachblüten-Therapie für Menschen geben, die keine Therapeuten sind,
- aufzeigen, wie sich diese zwei Naturheilweisen für sich und in Verbindung miteinander in der Alltagspraxis anwenden lassen,
- beschreiben, wie man die Bachblüten-Therapie mit anderen Therapieformen sinnvoll ergänzen kann,
- deutlich machen, wie die Bachblüten speziell für Frauen und ihre Entwicklungsphasen und Beschwerden wirken,
- und schließlich andeuten, wie eine rein spirituelle Energiearbeit ausgerichtet sein könnte.

Ich möchte es Ihnen leicht machen, einen Zugang zu den Bachblüten und zur Energiearbeit zu gewinnen. Deshalb sind die Einzelthemen vom Text her so übersichtlich und in der Sprache so verständlich wie möglich gestaltet. Auf eine allzu komplexe Darstellung wurde bewußt verzichtet – denn das mehrjährige Studium einer Therapie und ihre praktische Anwendung können ein Buch ja ohnehin nicht ersetzen!

Für Ihre Gesundheit und Heilung sind Sie selbst am wichtigsten – deshalb sollen Sie in der Lage sein, rasch und einfach einen Überblick zu gewinnen und Impulse aufzunehmen, die Ihnen für Ihr Leben hoffentlich hilfreich sind.

Von Herzen wünsche ich allen Leserinnen und Lesern, daß Sie im Sinne von Dr. Bach erfahren dürfen, daß auch Ihr Leben als eine Offenbarung der inneren Harmonie und des Seelenbewußtseins gemeint ist.

Mögen Sie erleben, welchen Anteil Sie selbst an den Fragestellungen, Herausforderungen und Leiden in Ihrem Leben tragen. Mögen Sie erfahren, wie das innere göttliche Licht Ihre Seele durchleuchtet, Ihre Persönlichkeit mit Harmonie durchstrahlt – wenn Sie nach Innen gehen, die ewige Quelle allen Seins suchen und beginnen, aus dieser schöpferischen Kraft zu leben.

Dann werden Sie auch notwendige Veränderungen an den Denkstrukturen und Verhaltensmustern Ihrer Persönlichkeit vornehmen können, die (noch) nicht in Harmonie sind oder sogar aus der Einheit wegstreben.

«Was nützte es dem Menschen, wenn er die ganze Welt gewönne, und nähme doch Schaden an seiner Seele?» fragte Christus. Und: *«Wenn du vom Wasser des ewigen Lebens trinkst, dann wird dir nimmermehr dürsten.»*

«Bevor unser Körper existierte, war die Eine Energie schon da.»

(Sun Pu-erh)

Die Heilkraft der Bachblüten: Grundlagen der Bachblüten-Therapie

Blumen sind die schönsten Worte und Hieroglyphen der Natur,
mit denen sie uns andeutet, wie lieb sie uns hat.

(Johann Wolfgang von Goethe)

Im Mittelpunkt der Bachblüten-Therapie stehen die Überzeugung und die Erfahrung ihres Begründers Dr. med. Edward Bach: *Die Harmonie zwischen der bewußten Seele und der von ihr geführten Persönlichkeit ist der Schlüssel zu ganzheitlicher Gesundheit.*

Erst, wenn wir als Seele erwachen und als Seele aus der Liebe Gottes leben, können wir wahre und dauerhafte Gesundheit auf den Ebenen von Verstand und Gemüt, von Gefühlen und körperlichem Leben bewirken. Nicht, indem wir eine Krankheit physisch oder psychisch «bekämpfen», sondern indem wir Gesundheitskräfte aus der Bewußtwerdung der Seele entwickeln.

Solange wir Krankheiten erfahren und erleiden, sind dies Botschaften von Fehlverhalten und falschem Denken, von blockierten Gefühlen und Energiestaus. Sie rühren aber nicht von Bakterien oder Viren oder anderen äußeren Ursachen her, sondern sind in Wirklichkeit das «karmische» Endergebnis mangelhafter Seelenbewußtheit.

Einige wenige Zitate von Dr. Bach aus dem reichen Schatz seiner Aufzeichnungen machen deutlich, was ihm am Herzen lag:

«Was wir als Krankheit erkennen, ist das letzte Stadium einer sehr viel tiefer liegenden Unordnung...

Es gibt einen ursprünglichen Fehler, den der Mensch begehen kann, und das ist der Verstoß gegen die Einheit...

Die vorrangigen wahren Krankheiten des Menschen sind solche Mängel wie Stolz, Grausamkeit, Haß, Ich-Liebe, Unwissen, Unsicherheit und Habgier...

Die Ursache all unserer Schwierigkeiten ist das Ich (Ego) und die Absonderung, und dies löst sich auf, sobald ***Liebe*** *und das Wissen der großen* ***Einheit*** *Teil unseres Wesens werden...*

Es gibt für den Menschen keinen halben Weg. Die ***Wahrheit*** *muß anerkannt werden, und der Mensch muß sich selbst mit dem unendlichen Gesetz der Liebe seines Schöpfers vereinen...*

Wir haben... das große Vorbild von Vollkommenheit und die Lehren des Christus, um uns zu führen. Er handelt für uns als ein ***Mittler*** *zwischen unserer Persönlichkeit und unserer* ***Seele****...*

So lehrten es auch Lord Buddha und andere große Meister, die von Zeit zu Zeit herunter auf die Erde kamen, um den Menschen den Weg zur Erlangung der Vollkommenheit zu zeigen...»

Wer war Dr. Bach?
Zur Geschichte der Bachblüten

Edward Bach wurde 1886 bei Birmingham geboren. Mit sechzehn Jahren trat er in die Messingfabrik seines Vaters ein, stellte aber bald fest, daß seine Berufung in eine andere Richtung ging. Von 1906 bis 1913 studierte er Medizin am «University College Hospital» in London. Seine praktische Laufbahn begann er nach dem Abschluß seiner Studien als «Schulmediziner». Seine Praxis in der renommierten Harley Street in London war überlaufen, Armen ließ er seine Fürsorge kostenlos zuteil werden. Dr. med Edward Bach, persönlich ein sehr bescheidener Mensch, war immer davon beseelt, Kranken zu helfen und Krankheiten zu heilen.

Mit den Erfolgen der herkömmlichen Therapien wurde er jedoch immer unzufriedener und begann deshalb, nach Alternativen zu suchen. Im Werk Samuel Hahnemanns, des Begründers der Homöopathie, fand er seine eigenen Erfahrungen und die daraus abgeleiteten Grundsätze bestätigt. Vor allem die Erkenntnis, «Behandle den Patienten und nicht die Krankheit», wurde ihm immer mehr zur Richtschnur seiner Arbeit.

Er erhielt einen Forschungsauftrag der Universitätsklinik London auf dem Gebiet der Bakteriologie. Zusätzlich arbeitete er als Pathologe und Bakteriologe am «Königlichen Londoner Homöopathischen Krankenhaus» und beschäftigte sich mit dem Zustand der Darmflora.

In den Jahren zwischen 1922 und 1928 gelangte Dr. Bach – nach intensiver theoretischer Forschung und umfassender persönlicher Medizinpraxis – zu einer Erkenntnis, welche die Medizin revolutionieren sollte: Negative Gefühle machen krank! Die Wesensart eines Menschen, seine Verhaltensmuster und Reaktionsweisen auf bestimmte Situationen, beeinflußt auf entscheidende Weise das Befinden.

Dr. Bach erkannte, daß es sieben Hauptgruppen von Darmbakterien gibt, die mit praktisch allen Krankheiten zu tun haben. Sie sind jedoch eher eine Art Anzeiger oder Signalgeber, nicht aber die eigentlichen Auslöser der Krankheiten. Er experimentierte viel und fand weiter heraus, daß diese Darmbakterien, wenn sie zu Impfstoffen bzw. homöopathisch verarbeiteten Heilmitteln umgewandelt wurden

(«Darmnosoden» oder «Bach-Nosoden»), bei sehr vielen Krankheiten halfen.

Sieben besondere seelische Probleme sind es nun, die diesen sieben Hauptgruppen von Darmbakterien entsprechen. Diese negativen Gefühle – *Angst, Unsicherheit, mangelndes Gegenwartsinteresse, Einsamkeit, Überempfindlichkeit für äußere Einflüsse und Ideen, Mutlosigkeit und Verzweiflung* sowie *übertriebene Sorge um das Wohl anderer* – sind die wahren Ursachen von Krankheit.

Dr. Bach: Nur, wenn der Mensch seelisch aus dem Gleichgewicht geraten ist, kann sich Krankheit überhaupt zeigen. Krankheit ist die Wirkung eines disharmonischen Gemütszustands, Gesundheit ist die Wirkung von innerer Harmonie. Wenn die negativen Gefühlszustände wieder ausgeglichen werden, entsteht Gesundheit «wie von selbst» und Krankheit «verschwindet automatisch».

Aber Dr. Bach war noch nicht zufrieden. «Ich wünschte, es wäre uns möglich, sieben Kräuter anstelle von sieben Bakteriengruppen anzubieten…», notierte er in seinem Tagebuch. Mit Hilfe von Selbstversuchen forschte Dr. Bach nach Pflanzen, die seinen Darmbakterienmitteln entsprachen und sie in der Wirkung sogar noch übertreffen sollte.

1930 gab er seine Praxis in London auf und zog aufs Land, nach Wales, um sich in der Harmonie der schöpferischen Natur ganz seiner neuen Forschungsarbeit zu widmen. Nun durfte er entdecken: Der Sonnentau, der am frühen Morgen fällt, nimmt die Schwingungen von Blüten auf und kann für den Menschen neue Lebenskraft und frische Gesundheit bewirken. Wenn man Blüten in Wasser unter die Sonne stellt, geschieht das gleiche. Die Sonne «imprägniert» den Tau bzw. das Wasser mit der Harmonie, welche der jeweiligen Blüte innewohnt – diese «Energie» ist dann im Wasser enthalten und kann ihre Heilwirkung entfalten. Das Bach-Blütenwunder ist entdeckt!

Bach entdeckte nach und nach 38 Blütenheilmittel, die er sieben Gruppen zuordnete. Heute werden diese 38 Mittel international unter ihrem englischen Namen und mit einheitlich fortlaufenden Nummern bezeichnet.

In einem «Appell an meine Kollegen im ärztlichen Beruf» schrieb Dr. Bach über die Blütenheilmittel: «Die Heilpflanzen, die ich erwähnte, können in Verbindung mit jeder herkömmlichen Behandlungsweise eingesetzt werden, jeder Verordnung hinzugefügt werden, und sie werden die Behandlung in allen Fällen beschleunigen und unterstützen, seien es akute oder chronische Leiden, die somit erfolgreich behandelt werden. Wir sind in einer Zeit, in der die Schulmedizin mit einem Teil der Krankheit in diesem Lande nicht fertig wird; und es ist Zeit, das Vertrauen der Menschen wiederzugewinnen und unserem edlen Ruf Berechtigung zu verschaffen. Die Kräuter sind für jeden leicht zu verstehen, der sich mit dem Wesen des Menschen beschäftigt, und eine ihrer Eigenschaften ist, daß sie uns helfen, den Ausbruch organischer Krankheiten zu verhüten, wenn der Fall sich in jenem funktionellen Stadium befindet, das akuten oder chronischen Krankheiten so häufig vorausgeht.» (Zitiert nach «Gesammelte Werke», siehe Anhang.)

Damit machte Dr. Bach öffentlich deutlich, daß es ihm nie um sogenannte Wundermittel oder etwa um Allheilmittel oder Alleinheilmittel ging. Dr. Bach wollte, daß die von ihm entdeckten Blütenmittel jedem Menschen als zusätzliche und seelisch wirksame Therapie zur Wiedererlangung der inneren Harmonie und damit der ganzheitlichen Gesundheit zur Verfügung stehen sollten. Heute wenden Tausende von Heilpraktikern und Ärzten und Hunderttausende von Patienten die Bachblütenmittel an, meist in Kombination mit anderen Therapien. Das Beste an den Bachblütenmitteln ist: Man kann nichts falsch machen, es gibt keine Nebenwirkungen, man kann nie zu hoch oder zu häufig dosieren. Wirklich ein Blüten-Wunder!

Edward Bach war ein einfacher Mensch und einfühlsamer Arzt, der sich dem alten Prinzip – «Der Arzt verschreibt, Gott und die Natur heilen» – verpflichtet fühlte. Für ihn stand Liebe an der ersten Stelle, nicht Geschäftemacherei. Er wollte, daß jeder Mensch lernt, sich selbst zu heilen. Deshalb hatte er die Blütenmittel erforscht, deshalb nannte er sein Grundlagenbüchlein «Heile dich selbst», deshalb wollte er die Blütenmittel allen Menschen zugänglich machen.

Heutzutage gilt das Gebot der Liebe leider weniger als der Trieb zur Beutelschneiderei, die Gewinnsucht gilt mehr als heilerische Ideale. Das ist leider auch bei manchen Menschen zu beobachten, welche die Bachblüten als Mittel zum großen Profit und zur Profilierung ansehen. Es ist um so heilsamer, miterleben zu dürfen, wie zum Beispiel Julian und Martine Barnard mit ihren «Healing Herbs» einen ethischen und methodischen Standard erreichen und einhalten, der dem geistigen Vermächtnis von Dr. Edward Bach gerecht wird.

Die Bachblüten wurden von ihrem Entdecker auch als einzigartige Chance zur Selbstbehandlung beschrieben. Daß es vor allem in Deutschland unselige Bestrebungen gab, die Bachblüten der Selbstbehandlung und sogar der Verschreibung durch Heilpraktiker zu entziehen, soll hier erwähnt werden. Die neuen Europa-Richtlinien geben allerdings jetzt die Möglichkeit, diese wunderbaren Heilmittel rezeptfrei in Deutschland und in verschiedenen anderen Ländern zu beziehen.

Zurück zu Edward Bachs umwälzenden Erkenntnissen. Man kann sie in den folgenden Schlüsselsätzen zusammenfassen:

- Jede Krankheit ist das greifbare, sichtbare und fühlbare Resultat einer disharmonischen Schwingung, die schon früher in der Persönlichkeit entstanden ist und zu einer Störung zwischen Persönlichkeit und Seele geführt hat.
- Es gibt sieben Hauptgruppen von Gemütszuständen, die nach Dr. Bach als Hauptursachen von Krankheiten anzusehen sind. Diese sieben Gruppen dienen auch zur Einordnung der 38 Blüten.
- Durch das Licht der Sonne können Heilkräfte von Blüten auf Wasser übertragen werden; die heilenden Schwingungen der Bachblüten fördern bzw. bewirken die Gesundung des Menschen durch eine Harmonisierung der inneren, feinstofflichen Gemütsebenen, so daß sich die Persönlichkeit wieder besser der auf der Seelenebene angelegten potentiellen Vollkommenheit zu öffnen vermag.

Dr. Bach schrieb: *«Der Patient von morgen muß verstehen, daß er, und nur er allein, sich Entlastung vom Leid verschaffen kann, auch wenn er Rat und Hilfe von älteren Geschwistern erhalten mag, die ihm bei seinem Bemühen zur Seite stehen. Gesundheit ist da, wenn vollkommene Harmonie zwischen Seele, Gemüt und Körper herrscht. Diese Harmonie, und allein diese Harmonie, müssen wir erreichen, bevor eine Heilung bewirkt werden kann.»* (Ges. Werke, S. 156; siehe Anhang)

Der schöpferische Kreislauf: Grundlagen der chinesischen Energielehre

Ohne aus der Tür zu gehen
kann dein Herz die Welt erkennen.
Ohne aus dem Fenster zu schauen
kannst du den Sinn des Tao sehen

(Lao Tse)

«Das Tao, das man nennen kann, ist nicht das Tao.» Mit dieser Einsicht beginnt der Weise Lao Tse seine als «Tao Te King» berühmt gewordenen Aphorismen und Verse. Die Ganzheit des grenzenlosen Tao entzieht sich der Beschreibung durch begrenzte Worte.

Tao ist ein Begriff, der in etwa den Begriffen ewige Schöpferkraft, Gott, Allah, kosmisches Bewußtsein, Sat Purush entspricht. All dies sind nur wenige unter den Tausenden von Worten, die wir Menschen im Laufe der Zeiten gefunden haben, um die namenlose Urenergie doch irgendwie zu benennen.

Die meisten von uns spüren, daß es eine größere und höhere Kraft gibt, die mehr ist als die Summe aller Geschöpfe, die auch mehr ist und dauerhafter und harmonischer als unser kleines Ich. *Wasser, water, pani, acqua, eau, woda* – das sind Worte, die als Begriffe den Durst noch nicht stillen. Erst die reine, transparente Flüssigkeit selbst, die wir unsere Kehle tatsächlich herunterlaufen lassen, vermag unserem Bedürfnis Abhilfe zu verschaffen.

Wir brauchen jedoch manche mentalen Brücken, um uns für die Gegenwart des Allgegenwärtigen zu öffnen. Versuchen wir also eine Umschreibung dessen, worum es wirklich geht – wohl wissend, daß alle Beschreibungen mangelhaft bleiben müssen.

Warum befassen wir uns überhaupt mit Gesundheit? Weil wir in und mit einem Körper in einer Welt von Raum und Zeit leben. Wir haben uns mit diesem Körper und mit unseren Sinnen, Gefühlen und Gedanken derart identifiziert, daß wir unter kleineren und größeren Störungen an Körper und Gemüt leiden. Diese Störungen erleben wir als Krankheiten und möchten dann mit dieser Medizin oder jener Therapie wieder zurückfinden in einen harmonischen, beschwerdefreien Zustand.

Sind wir jedoch unser Körper, oder haben wir einen Körper? Sind wir unsere Gefühle und Gedanken, oder haben wir solche? Sind wir krank, werden wir alt, sterben wir? Oder wird der Körper abgenutzt und anfällig, sind unsere Gefühle und Gedanken durcheinander und müssen wir eines Tages dieses Kleid aus Körper und Gemüt einfach abgeben, während wir selbst woanders hingehen? Sind wir der Autofahrer oder das Auto?

Ohne ein klares Menschenbild und ein überzeugendes Weltbild werden wir in Gesundheitsfragen – wie bei allen anderen existentiellen Problemen auch – eher nur mit der sprichwörtlichen Stange im Nebel herumstochern können, aber keine wirksame und anhaltende Heilung finden.

Alle Weisen und Heiligen der verschiedenen spirituellen Wege, alle Begründer und Seher der Hochreligionen erklären in fast gleichlautenden Worten:

- Unser wahres Leben ist Sein, Bewußtsein, Selbst, Seele.
- Dieses Sein entstammt einer Urquelle des Seins – Gott.
- Gott als formloser und namenlose Kraft des Seins ist ohne jeden konkreten stofflichen Ausdruck, den man beschreiben könnte.
- Als sich diese formlose Seinskraft zum Ausdruck brachte, also in einer Form manifestierte, war Energie ihre erste ursprüngliche Ausdrucksform. Diese Energie wird unterschiedlich bezeichnet, zum Beispiel als Prana oder Shakti-Kraft im Hinduismus, als der Heilige Geist oder als das Licht in der Bibel, als Kalma oder Kalam im Islam, als Shabd im Sikhismus und als Chi im Taoismus, der alt-chinesischen Lehre von der Ganzheit und Einheit des Lebens.
- Wenn wir auf der Ebene des Bewußtseins eine Rückverbindung (Re-ligion) zu dieser ursprünglichen Form der Schöpferkraft gewinnen, so dient dies sowohl der Entfaltung unseres Seelen-Bewußtseins wie der Harmonisierung und Heilung von Körper und Gemüt.

- Dann erkennen wir uns nach und nach als Bewußtsein, das aus und in einem großen Sein lebt, als Lichtstrahl, der Teil der Sonne ist, als Welle eines großes Ozeans der Liebe.
- Dann können wir unsere irdischen Herausforderungen meistern, die Krankheiten heilen, die geheilt werden können, und mit denen leben, die nicht geheilt werden können – weil wir wissen, daß nicht unsere Wahrnehmungen oder Gemütsbewegungen sind, sondern ein ewiges Sein.

Was ist Tao?

Tao ist das Ganze – alles ist im Tao, alles ist Tao, alles kommt aus dem Tao und geht wieder ins Tao. Das Tao zeigt sich zunächst in der scheinbaren Teilung in Yin und Yang, in dunkel und hell. Wenn sich das Formlose in die Form gibt, so beginnt die Trennung und Unterscheidung. Die ursprüngliche Einheit bleibt jedoch natürlich noch vorhanden: Wie oben, so unten – wie außen, so innen!

Aus der Manifestation des Tao in die Formen der Welt ergibt sich die chinesische Energielehre des Chi, der schöpferischen, ganzheitlichen und harmonischen Lebenskraft. Chi kann sowohl Energie wie Bewußtsein sein. (Es gibt auch die Schreibweise «Qi» statt «Chi».)

Unter den Bedingungen des Lebens und dessen, was wir Menschen durch unser Denken und Handeln, Fühlen und Tun daraus machen, fließt das Chi entweder in ursprünglicher, heilsamer und belebender Frische oder stagniert, wird gestaut oder blockiert.

Die traditionelle chinesische Medizin (TCM) geht davon aus, daß Gesundheit besteht, wenn die Lebensenergie des unsichtbaren Chi harmonisch fließt, und sich Krankheit einstellt, wenn dieser Kraftstrom zu schwach oder zu stark fließt, zu langsam oder zu heftig usw.

Ein Vergleich zwischen chinesischer und westlicher Medizin

Die Medizin im westlichen Sinne analysiert und versucht, die Faktoren herauszufiltern, die eine Krankheit verursachen, und gibt der Krankheit dann einen Namen.

Die Lehren der TCM ziehen immer die ganze Person, ihr Umfeld und sogar die bioklimatische Umgebung in Betracht. Für die TCM sind Krankheiten des Geistes, des Körpers und des Gemüts auf das engste miteinander verbunden.

Da Krankheiten als Störungen der Körperharmonien angesehen werden, konzentriert sich der Arzt im Osten auf das Individuum, auf den Patienten. Im Westen wird der Schwerpunkt der Behandlung auf die Krankheit und deren Behandlung gelegt.

Die traditionelle chinesische Medizin befaßt sich ausschließlich mit den Funktionen, sie setzt diese den Organen gleich. Die physische Anatomie der verschiedenen Organe wurde in diesem System selten erforscht. Es geht vielmehr um Energien, die miteinander oder gegeneinander arbeiten, die fließen oder blockiert sind.

Hauptziel der chinesischen Energielehre ist, daß alle Energien in sich und untereinander ausgewogen sind und harmonisch zusammenwirken. Durch die richtige Lebensweise können wir Lebenskraft aufbauen und erhalten. Durch Methoden der TCM können wir gestaute Kräfte wieder in Fluß bringen bzw. schwache Kräfte stärken.

Tao-Energielehre und Bachblüten-Therapie

Die entscheidenden Parallelen zur Bachblüten-Therapie sind:
- die Erkenntnis, daß seelische und körperliche Harmonie die Grundlage von Leben und Gesundheit sind;
- die Erkenntnis, daß Harmonie ganzheitlich ist und «von oben nach unten» fließt, also von Geist und Seele zu Verstand, Psyche und Körper;

- die Erkenntnis, daß Heilung immer auch etwas mit Bewußtsein zu tun hat;
- und schließlich die Erkenntnis, daß wir Menschen Teil einer Ganzheit sind und deshalb die Kräfte von Himmel und Erde, von Sonne und Natur auch etwas mit unserer Gesundheit und Heilung zu tun haben.

Die chinesische Energielehre betont die Wichtigkeit, vorbeugende Maßnahmen für die Erhaltung von Harmonie und Gesundheit zu treffen. Wenn die Vorbeugung zu spät kommt, geht es um Behandlung und Heilung. Dabei ergänzen sich die Bachblüten-Therapie und die TCM (Traditionelle Chinesische Medizin) ideal.

Die Bedeutung der chinesischen Medizin für den Westen

Warum kommt es heute zu einem solch großen Interesse an der chinesischen Medizin und ihrer Energielehre? Ist es nur das Ferne, das Exotische, das Neue?

Was nützt uns überhaupt noch die traditionelle chinesische Lehre, nachdem die westliche Medizin die Welt erobert hat und viele Erfolge verzeichnet? Durch ihre wissenschaftlich erarbeiteten Erfolge hat sie uns schließlich von jahrhundertealten Plagen befreit und unser Leben verlängert und angenehmer gemacht. Die «Schulmedizin» hat in den letzten Jahrzehnten in der Erkennung und Behandlung akuter und organischer Erkrankungen große Fortschritte gemacht.

Für die vorbeugende Medizin sowie für viele chronischen Erkrankungen und funktionelle Beschwerden sind die Behandlungsmöglichkeiten aber nicht immer befriedigend. 20 bis 30 Prozent dieser Erkrankungen sprechen auf unsere herkömmliche Medizin leider nicht an. Aus diesem Grunde suchen die Menschen heute nach Möglichkeiten zur Ergänzung der herkömmlichen Medizin.

Haben Sie auch schon festgestellt, daß Sie sich müde, schlapp oder niedergeschlagen fühlen? Sie fühlen Schmerzen, jedoch kann mit modernen Untersuchungsmethoden nichts festgestellt werden. Haben Sie sich das also nur eingebildet? Sicherlich nicht!

Nach der Lehre der traditionellen chinesischen Medizin wird die energetische Ursache für eine Krankheit schon lange vor einer Erkrankung der Organe gelegt. Der Körper gibt uns auch immer wieder «Störmeldungen» über eine beginnende Disharmonie, lange bevor wir auch offensichtlich körperlich-organisch erkranken.

Deshalb sollten wir lernen, mit unserem Körper und unseren Kräften sorgsam umzugehen. Wir sollten den Körper wie ein Schatzhaus hüten und pflegen. Vor allem sollten wir auf die unscheinbaren Warnsignale achten, und sie nicht einfach übersehen. Oft ignorieren wir Warnsignale wie Kopfschmerz, ständiges Unwohlsein oder kleinere Schmerzanfälle. Doch werden diese kurzzeitigen Störungen nicht aufgedeckt und therapiert, kann es zu chronischen Erkrankungen kommen.

Ein Sprichwort sagt: Kümmere Dich um Deine Gesundheit – und die Gesundheit kümmert sich um Dich!

Die Stärke der chinesischen Medizin besteht – wie schon erwähnt – darin, präventiv zu wirken, das heißt, die Lebenskraft – das Chi – zu erhalten und zu harmonisieren. Dazu können wir unseren Anteil leisten, indem wir uns auf den natürlichen Kreislauf der Chi-Kraft einstellen. Zu diesem Kreislauf gehört ein richtiger Lebensrhythmus – am Tag und durch das Jahr, die Einstellung auf naturgegebene Umstände (zum Beispiel entsprechende Nahrungsmittel) sowie besondere Übungen.

In einem sehr alten Werk über diese chinesische Lehre steht:
Die Weisen heilen, was noch nicht krank ist.

In unserem Kulturkreis gibt es einige «alternative» Möglichkeiten, Erkrankungen im Vorfeld zu erkennen. Irisdiagnose, Diagnose anhand von Kirlianfotos und Fußreflexzonendiagnostik gehören dazu. Die

TCM ist eine gute Möglichkeit, um die «westliche Medizin» zu ergänzen und zu bereichern.

Die Arbeit mit den Bachblüten bietet eine Parallele und sinnvolle Ergänzung zur TCM. Durch die Bachblüten-Therapie können wir ebenfalls sehr gut präventiv arbeiten. Gemütssymptome – wie Dr. Bach sie beschrieben hat – dienen uns als Hinweis auf Disharmonien im Menschen, welche über kurz oder lang zu Krankheiten führen können.

Zur Geschichte der TCM

Die Erfahrungen der chinesischen Medizin liegen sehr weit zurück. Überlieferungen, die etwa 6.000 Jahre alt sind, berichten, daß der Körper über bestimmte Punkte beeinflußt werden kann, wenn man Druck auf diese Punkte ausübt.

Diese Volksweisheiten und Erfahrungen wurden erstmals in dem Werk *«Huang-di-Nei-Ching»* niedergeschrieben und im *«Der innere Klassiker des Gelben Kaisers»* übersetzt. Dieses traditionelle Werk ist heute noch die Grundlage für die Ausbildung der Studenten in der Lehre der TCM.

Die Chinesen waren uns in den Kenntnissen über die Beziehung von Erkrankungen zu Jahreszeiten, Eßgewohnheiten oder Gemütsverstimmungen weit voraus. Lange bevor wir im Westen etwas über Ansteckungserkrankungen wußten, erkannten die Chinesen Lepra als eine Infektionserkrankung. Die Pockenschutzimpfung wurde bei uns im 18. Jahrhundert eingeführt, in China ist diese Entdeckung auf das 11. Jahrhundert zurückzuführen.

Erst in den 60er Jahren unseres Jahrhunderts wurde der Westen durch sensationelle Erfahrungsberichte auf diese Heilkunde aufmerksam. Mit unscheinbaren Nadeln wurden ohne weitere Narkose Operationen am Patienten ausgeführt, obwohl dieser noch ansprechbar war. Danach gab es keine Nachwirkungen, wie es sie im Westen durch die bei uns verwendeten Betäubungsmittel gibt.

Was ist TCM?

Die traditionelle chinesische Medizin umfaßt viele Bereiche in der Prävention, also in der Vorbeugung. Im therapeutischen Bereich unterscheidet sie in Diagnostik und Therapie.

Hauptsächlich zur Prävention gehören:
- Qi Gong und Tai Chi (meditative Atem- und Bewegungstherapie) - Ernährungslehre - Tui Na (traditionelle chinesische Massage)

Hauptsächlich zur Therapie gehören:
- Akupunktur - Chinesische Arzneimitteltherapie - Moxibustion (Erwärmen der Akupunkturpunkte) - Schröpfbehandlung

Alle Therapieformen basieren auf philosophischen Hintergründen, ohne die das System der TCM nicht verstanden werden kann. Es ist ein zusammenhängendes, globales, universelles Denken, das zugrunde liegt. Es hat seine eigene Auffassungen von Körper und Geist, von Gesundheit und Krankheit.

Zur Philosophie der TCM

Die chinesische Medizin beruht auf der taoistischen Betrachtungsweise des Lebens. Der Taoismus geht davon aus, daß jede Erscheinungsform des Lebens, also auch der Mensch, von zwei gegensätzlichen Kräften beherrscht wird. Diese Kräfte stehen sich einerseits zwar konträr gegenüber, andererseits ergänzen sie sich aber auch und können nur gemeinsam ein vollkommenes Ganzes bilden. Diese Kräfte werden YIN und YANG genannt.

Das Yin-Yang-Konzept ist das wichtigste, herausragendste und unverwechselbare Prinzip in der traditionellen chinesischen Medizin. Diese Medizin besagt, daß alles, was in der Natur existiert, aus den Urkräften Yin und Yang entstanden ist, die ihrerseits aus der Einheit und Ganzheit des Tao stammen.

Mit anderen Worten: Tao ist das Oberste und Innerste, das für den Menschen Unsichtbare und Unfaßbare. Aus der unsichtbaren und ungeteilten Kraft des Tao entstehen die Yin- und Yang-Kräfte. Wenn sich nämlich die formlose Kraft des Tao in einer Welt der Formen zum Ausdruck bringt, «verliert» sie ihre ungeteilte Einheit. Denn jede Form ist auch eine Begrenzung! Das ursprüngliche Tao ist jedoch grenzenlos.

Der erste Ausdruck des formlosen Tao in der Welt ist die Polarität von Yin und Yang. Aus dem Einen, Tao, werden zwei – Yin und Yang. Yin und Yang bilden zusammen – in unterschiedlicher Quantität und Qualität – die Formen dieser Welt.

Yin und Yang tragen unterschiedliche Chi-Energie oder Lebensenergie in sich, jede Form trägt eine unterschiedliche Energie in sich. Erst der harmonische Fluß der Chi-Energie führt zu einem gesunden Leben.

Die gegensätzlichen bzw. komplementären Kräfte reagieren in fortwährender Bewegung und Umwandlung aufeinander und untereinander. Geburt und Werden, Wandlung und Zerstörung aller Wesen und aller Dinge beruhen auf der ständigen Wandlungsphase des Prinzipes Yin und Yang.

Beispiel für Yin- und Yang-Polaritäten	
Yin-Eigenschaften	Yang-Eigenschaften
kalt kühlt	warm wärmt
Ruhe beruhigend	Bewegung hält Organfunktion aufrecht
Dunkelheit	Helligkeit
Schattenseite	Sonnenseite
Erde	Himmel
Mond	Sonne
Herbst	Frühling
Winter	Sommer
Das Weibliche	Das Männliche
Das Schwache, Kleine	Das Große, Starke
Die Nacht	Der Tag
Stille	Bewegung

Auf den Körper allgemein bezogen:	
Yin	Yang
ernährt Gewebe und Organe	hält Organfunktion aufrecht
Unten, Unterkörper	Oben, Oberkörper
Kälte, frieren	Wärme, Hitze, Fieber
blasses Gesicht	roter Kopf
Passivität	aktives Agieren

Auf Schmerzen bezogen:	
Yin	Yang
in Ruhe und in der Nacht	in Bewegung und am Tage
schlimmer bei Kälte	schlimmer bei Wärme
chronische Erkrankungen	akute Erkrankungen
rechte Körperseite	linke Körperseite
Yin-Meridiane (Energiebahnen)	Yang-Meridiane

Durch diese Polarität von Yin und Yang kommt es zum immerwährenden Prozeß der natürlichen Veränderungen. Diese Umwandlungen vollziehen sich sowohl im Makrokosmos, im Universum, als auch im Mikrokosmos, im menschlichen Körper. Der einzelne oder das einzelne Phänomen ist niemals losgelöst von anderen Phänomenen oder getrennt von der Ganzheit zu betrachten.

Es gibt kein absolutes Yin und auch kein absolutes Yang; immer beinhaltet das eine das andere. Deshalb sehen Sie im Yin-Yang-Symbol jeweils den Keim zur Verwandlung, angezeigt durch einen kleinen Punkt im Hauptfeld.

Eine Form kann jedoch durchaus überwiegen, es kann mehr Yin oder mehr Yang geben, es kann auch zuviel Yin oder zuviel Yang geben. Um gesund zu sein und zu bleiben, sollten wir lernen, im energetischen Gleichgewicht dieser beiden Spannungsfelder von Yin und Yang zu bleiben. Dazu hilft ein Leben im Einklang mit der Ganzheit, in Harmonie mit den himmlischen Kräften und deren Gesetzen, ein Leben in der göttlichen Ordnung und im Einklang mit den kosmischen und natürlichen Kräften.

Wenn wir so im Sinne des Tao harmonisch leben, wird auch unsere eigene Energie, d.h. die Lebenskraft oder Chi-Energie, harmonisch fließen können. Der harmonische Fluß der Chi-Energie ist nach den Erfahrungen der TCM die Voraussetzung für Gesundheit.

Weitere Merkmale von Yin und Yang

Yin und Yang kann man auch in einem zyklischen Wechsel sehen, zum Beispiel beim Wechsel von Tag und Nacht. Der Tag ist dem Yang zugeordnet ist, das Yin der Nacht.

Die aktive Form des Daseins entspricht immer dem Yang, und der passive Anteil des Daseins entspricht dem Yin. Unter Yang fallen alle Aktivitäten, die ausgeübt werden. Zu Yin gehören die Strukturen.

«Yin und Yang sind das Wesen des Himmels und der Erde, die Gesetzmäßigkeit der Zehntausend Dinge, Vater und Mutter, jede Veränderung, Anfang und Ende des Lebens und des Todes.»

Der Yang-Prozeß trägt den gegensätzlichen Pol zum Yin-Prozeß. Er geht mit Wärme einher, kann sich dadurch verflüchtigen und in Energie übergehen. Sehen wir uns ein Beispiel dazu an: In einem Wärmeprozeß kann das Yang, die Hitze, das Eis zum Schmelzen bringen und in die Energieform Wasser umwandeln. Umgekehrt kann natürlich ein Yin-Prozeß durch Kälteeinwirkung dieses Wasser zum Gefrieren bringen.

Wir sehen an diesen Beispielen, daß das Yin/Yang-Prinzip immer mit einer Transformation von Energien zu tun hat, mit der aller Dinge des Universums, das sich ja dauernd bewegt und verändert.

Yin und Yang sind unabdingbar miteinander verbunden. Yang ist aktiv, Yin ist ruhig. Yang spendet Leben, Yin läßt es wachsen.

Da Yang in der Schöpfung mehr der Aktivität entspricht, steigt es leichter nach oben, es sucht die Ausdehnung. Der Yang-Charakter ist alles Helle, alles Lichte, das nach außen Gerichtete, der Tag, die Sonne, das Aktive, das Männliche, das Nicht-Materielle.

Der Yin-Charakter ist alles Dunkle, Schattige, das nach innen und nach unten Gerichtete, die Nacht, der Mond, das Weibliche, das Bewahrende, die Form oder Struktur der Dinge.

Auf der körperlichen Ebene ist das Yang-Element die Energie und die Wärme, die den Organismus mit all seinen Funktionen am Leben erhält. Ein Mangel an Yang-Energie kann sich als Müdigkeit und Konzentrationsschwäche ausdrücken. Ein Mangel an Wärme, auch Yang-Mangel genannt, kann sich in Form von Kälteempfindungen wie Frösteln, kalten Füßen und körperlicher und geistiger Erschöpfung auswirken. Eine Fülle im Yang erleben wir als Hitzeempfindungen, gerötete Gesichtsfarbe, Bluthochdruck, Zornausbruch oder übersteigerte Aktivität.

Das Yin-Element im Körper beinhaltet alles Substantielle, alles Sichtbare wie Blut, Körperflüssigkeiten, Knochen, Muskeln und Gewebe. Bei einem Mangel an Yin ist der Mensch unruhig, mager und nervös. Ist das Yin in Fülle, können Verschleimung der Bronchien auftreten, Wasseransammlungen und Ödeme, Cellulitis, Trägheit und Niedergeschlagenheit.

Ein Ungleichgewicht zwischen Yin und Yang ist dann eingetreten, wenn der Organismus zu viel Energie hat oder die Energie stagniert. Da alle Organe mit den Meridianen (Energiebahnen) in Verbindung stehen und voneinander abhängig sind, bedeutet Gesundheit ein harmonisches Zusammenspiel aller Energien.

Erhöhe ich durch Yang-Anteile wie Sonne oder Wind ein vielleicht schon ohnehin hohes Yang-Potential, so kann es zu einem Ungleichgewicht kommen, das z.B. einen Hitzschlag auslösen kann.

Umgekehrt kann durch Kälteeinwirkung von außen, durch klimatischen Einfluß oder durch kalte Nahrung wie Eis oder zu kalte Getränke das Yin aus dem Gleichgewicht kommen und zur Magenverstimmung oder zur Erkältung führen.

Die moderne Lebensführung in der heutigen Zeit – geprägt von Hektik und Aktivität – ist nach außen also dem Yang zugeordnet und schadet letztlich dem Gleichgewicht. Das Yin wird dadurch geschwächt. Es ist deshalb sehr wichtig, jeder Aktivität und Anspannung eine Entspannung folgen zu lassen – zum Beispiel durch Meditation! –, um das Gleichgewicht dieser beiden Kräfte wiederherzustellen, um einer Erkrankung vorzubeugen und die energetischen körperlichen und geistigen Kräfte wieder zu harmonisieren.

Was ist «Chi»?

Die von Yin und Yang abhängige Lebenskraft oder Lebensenergie wird Chi genannt. Chi ist ein zentraler Begriff der chinesischen Philosophie und der traditionellen chinesischen Medizin, der sich eigentlich nicht übersetzen läßt. In einem alten taoistischen Text steht dazu:

«Der Mensch lebt inmitten von Chi. Chi erfüllt den Menschen, angefangen mit dem Himmel und der Erde bis zu den zehntausend Wesen, alles bedarf Chi, um zu leben.»

Wir alle haben das Chi schon erfahren. Ohne den Begriff näher zu kennen, haben wir das Chi gespürt. Diese feine, überaus wichtige Substanz in unserem Körper ist die Grundlage aller Lebensvorgänge. Die Chinesen bezeichnen die Chi-Energien auch als eine Lebenskraft, die ähnlich wie Bäche, Flüsse, Seen und Meere durch den Körper fließt.

Diese Energien durchströmen Bahnen, die wir mit den physischen Augen nicht wahrnehmen können, jedoch in ihrer Ausdrucksform fühlen und als Stauungen, Kälte- oder Wärmeeinflüsse, als Schmerzen, Verspannungen usw. wahrnehmen.

Ein Beispiel: Beim Gähnen fließt eine Welle der Wärme oder Kälte über den Rücken, oder eine Gänsehaut ist zu fühlen, oder die Augen tränen. Beim Berühren der Fußsohle oder des Bauches geht ein Kribbeln durch den ganzen Körper. Es gibt beim Gähnen fühlbare

Körpererschütterungen. Wir reagieren mit Zittern und Zähneklappern auf Unterkühlung. Das sind alles die sogenannten Chi-Bewegungen.

Chi ist zu spüren, jedoch nicht zu sehen. Chi kann nur durch sein Wirken verstanden werden. Chi ist eine wichtige Grundlage aller Bewegungen:
- Körperliche Bewegung (Springen und Tanzen)
- Unwillkürliche Bewegungen (Atmung, Herzschlag)
- Willentliche Bewegung (Essen, Sprechen)
- Mentale Bewegung (Denken, Motivation, Träume)

Chi schützt den Körper vor äußeren Einflüssen wie Hitze, Feuchtigkeit, Trockenheit, Kälte und Wind. Chi ist auch verantwortlich für die harmonischen Umwandlungsprozesse im Körper (Nahrung sowie Atemluft werden umgewandelt in körpereigene Substanzen wie Blut, Lymphe, Schweiß usw.). Chi erwärmt den Körper, erhält die normale Körpertemperatur.

Nach der TCM unterscheidet man das Chi, je nachdem, welche Funktion es im Körper ausübt.

Es gibt:
- das **Nahrungs-Chi**, Umwandlung von Nahrungsmitteln,
- das **Atmungs-Chi**, aus der eingeatmeten Luft,
- das **Chi der einzelnen Organe** wie Magen-Chi, Lungen-Chi, Leber- Chi usw.

Yin und Yang wirken wie Magneten mit zwei Polen, wie Nordpol und Südpol. Zwischen ihnen fließt die lebensspendende Kraft des Chi, die man in etwa mit dem elektrischen Potential des Magneten vergleichen kann. Chi zirkuliert in den Leitbahnen (den Meridianen), aber auch an der Körperoberfläche als Abwehrkraft gegen die äußeren Einflüsse.

Das Chi für unsere täglichen Aktivitäten wird aus dem Atmungs-Chi und dem Nahrungs-Chi bereitgestellt.

Das Chi aus dem Kosmos wird als Ur-Chi bezeichnet, das sich bei der Zeugung der Eltern mit dem Erb-Chi verbindet und in den Nieren als Chi-Potential gespeichert wird.

So ist das Chi generell für die Erhaltung und die Funktion aller Lebensabläufe wichtig. Ist das Chi geschwächt, so ist auch der Körper anfällig und schwach; staut sich das Chi, so kommt es an diesen Körperregionen zu Schmerzen oder Blockaden.

Das Erb-Chi ist der sehr individuelle Energieanteil, den wir bei der Zeugung durch die Eltern mitbekommen haben. Diese mitgegebene Menge ist für das jeweilige Leben vorgegeben und kann nicht mehr vermehrt oder ergänzt werden.

Durch ausschweifenden Lebenswandel sowie Hektik, Streß und langandauernde Krankheit oder Aktivitäten kann es allerdings frühzeitig erschöpft werden.

Dieses Erb-Chi ist verantwortlich für Herzschlagregulierung und Atmungsfrequenz. Es kann zwar nicht vermehrt, aber durch Übungen wie Qi Gong und Meditation doch unterstützt und gestärkt werden.

Nahrungs-Chi wird aus der Nahrung gewonnen, die Milz leistet hierbei die Hauptarbeit. Seine Aufgabe ist der Blutstoffwechsel sowie die Blutbildung. Nahrungs-Chi gibt den Blutgefäßen den Halt und ernährt das Körpergewebe.

Abwehr-Chi fließt zwischen den Meridianen und ist zuständig für das Öffnen und das Schließen der Hautporen. Es schützt den Organismus an der Hautoberfläche vor dem Eindringen von Krankheitserregern.

Es schützt und nährt die Haut und die Haare, es wird aus der Atem- und der Nahrungsenergie gewonnen.

Das gesunde Abwehr-Chi kreist alle 15 Minuten einmal durch den ganzen Körper und ist mit einem Türwächter gleichzusetzen. Ist dieses Chi schwach, d.h., sind die Türen und Tore nicht besetzt, so können die krankmachenden Energien (die «Feinde») eindringen. Das sind Hitze, Kälte, Wind, Trockenheit, Feuchtigkeit, Streß, Diätfehler, Traumata.

Ist die Abwehr ohnehin schon schwach, so können zusätzliche innere Faktoren wie übermäßige Freude, Trauer, Haß, Grübeln, Kummer usw. die Tore überwinden und Krankheiten auslösen.

Sichtbarer und unsichtbarer Schleim ist übrigens ein hemmender Faktor für das Abwehr-Chi.

Jeder der oben erwähnten Faktoren erzeugt auf der Zunge oder im Pulsbild ein für sich charakteristisches Symptom, das vom geübten Therapeuten herausgefunden und behandelt werden kann.

Chi muß immer wieder erneuert werden. Seine Qualität ist durch verschiedene Verhaltensweisen beeinflußbar. Chi fließt in unserem Körper in festgelegten Bahnen, in den Meridianen.

Diese Leitbahnen sind so miteinander vernetzt, daß wir sie mit einer Karte der Wasserstraßen vergleichen können. Durch bestimmte Punkte innerhalb dieser Leitbahnen kann ständig ein energetischer Austausch zwischen den einzelnen Körperbereichen und zur Umwelt stattfinden.

Das Chi befindet sich somit in einer ständigen Bewegung im Körper. Mit Hilfe der TCM kann das Chi aktiviert oder verteilt und zerstreut werden, je nach Befund.

Chi im Verhältnis zu Gesundheit und Krankheit

Die Lebensenergie Chi ist generell dafür verantwortlich, ob wir uns gesund oder krank fühlen. Die TCM sagt: «*Fließt das Chi gleichmäßig, so ist die Abwehrenergie stark und schützt den Körper.*» Und weiter: «*Wenn das wahre Chi in Harmonie ist, woher käme dann die Krankheit?*»

Also ist eine Disharmonie des Chi eine Störung, die zu Krankheit führen kann. Wie kommt es zu solchen Disharmonien? Um Störungen rechtzeitig zu erkennen und zu beseitigen, ist es wichtig, die Ursachen der Chi-Disharmonie an dieser Stelle zu kennen. Einige typische Chi-Störungen möchte ich Ihnen vorstellen.

1.) Äußere Chi-Einflüsse

Das sind klimatische Einflüsse, die auf den Menschen von außen einwirken, wie Wind, Hitze, Feuchtigkeit, Trockenheit und Kälte.

Mit diesen Energien kann der Mensch im allgemeinen gut umgehen, d.h. sich je nach Jahreszeit und Klima entsprechend darauf einstellen. Sind solche kosmischen Energien jedoch zu stark oder eine Einstimmung zu plötzlich und dabei die Abwehrkraft des Chi zu schwach, so werden diese Einflüsse dem Menschen schaden und ihn schwächen.

Nehmen wir an, wir haben uns verkühlt oder erkältet. Die Empfindungen beim Patienten sind Frösteln, verstopfte Nase, Unwohlsein mit Kopf- und Bauchschmerzen. «Entzündung der oberen Atemwege», lautet die westliche Diagnose.

Nach der chinesischen Diagnose würde es heißen: «Äußerer Wind und Kälte ist in den Körper eingedrungen.» Die Behandlung nach der TCM wäre, den Wind über Akupunkturpunkte auszuleiten und die Kälte mit frischem Ingwer (als Teeaufguß) zu vertreiben.

2.) Chi und die Emotionen

Die sieben Emotionen (Gemütszustände) sind nach der chinesischen Lehre für die Disharmonie oder Schwächung des Chi verantwortlich. In China waren sich die Ärzte schon vor vielen Tausenden von Jahren bewußt, welchen großen Einfluß Gemütsverstimmungen auf die Gesundheit des Menschen haben.

Die sieben Emotionen oder Gemütszustände des Menschen sind:
Freude, Ärger, Traurigkeit, Kummer, Schwermut, Angst und Furcht.

Sind diese Emotionen vorübergehender Natur, so kann der Organismus sie ohne Schädigung und aus eigener Kraft heraus überwinden. Treten die Emotionen jedoch im Übermaß auf oder fehlt die Freude, so kann der Chi-Fluß nachhaltig gestört werden.

Jede Emotion ist energetisch mit einem bestimmten Organ verbunden; alle Emotionen beeinflussen sich gegenseitig.

Zuordnung der Gemütszustände zu den Organen	
Freude	Herz
Ärger	Leber
Traurigkeit und Kummer	Lunge
Schwermut	Milz
Angst und Furcht	Niere

Eine Disharmonie in einem dieser Organe kann die entsprechende Emotion aus dem Gleichgewicht bringen. Umgekehrt kann eine Störung einer Emotion konkrete körperliche Auswirkungen auf das dazugehörige Organ ausüben.

So kann z.B. bei übermäßigem Alkoholgenuß die Leber angegriffen werden. Das Leber-Chi wird damit geschwächt und ist so anfälliger für Zorn und Ärger. Das wiederum wird die Leber noch mehr schädigen können.

Bei plötzlicher, übermäßiger Freude kann das Herz-Chi geschädigt werden, oder umgekehrt entwickelt ein Mensch, der keine Lebensfreude erfährt, eine Chi-Disharmonie des Herzens.

Bei Patienten, die psychisch belastet sind und lange in Angst und Furcht gelebt haben, ist an eine Schädigung des Nieren-Chi zu denken und in diesem Sinne zu therapieren.

3.) Die Lebensweise als Einfluß für den Chi-Fluß

Die Lebensweise des Menschen spielt eine wichtige Rolle. Nach der chinesischen Idealvorstellung sollten alle Lebensaktivitäten in harmonischem Einklang mit dem Kosmos, mit den Jahreszeiten, mit der eigenen Konstitution und mit der jeweiligen Lebensphase stehen.

Dazu gehört eine gesunde Ernährung, bewußte sexuelle Aktivität (bezogen auf das jeweilige Alter), Aktivität und Passivität in Übereinstimmung mit dem Tag- und Nacht-Rhythmus (siehe auch Organuhr weiter hinten).

Ein unangemessener Lebenswandel kann bekanntlich zu einem krankheitsauslösenden Faktor werden. Ein zu einseitiges Leben kann eine Ursache für eine Chi-Stagnation sein und generell das Verhältnis von Yin und Yang im Körper stören.

Menschen, die zu aktiv sind, dauernd herumrennen und nicht zur Ruhe kommen, erschöpfen sowohl das Lebens-Chi (die Lebenskraft insgesamt), als auch das Chi der einzelnen Organe.

Umgekehrt stagnieren der Chi-Fluß und das Blut bei solchen Menschen, die sich kaum oder gar nicht bewegen.

Drei Formen von Chi

Drei Energieformen von Chi sind für die menschliche Existenz lebensnotwendig:
- das Atmungs-Chi
- das Nahrungs-Chi
- das Chi der Abwehrkräfte

Das Atmungs-Chi ist die Lebenskraft, die wir mit der Atmung und mit der Atemluft aus dem Kosmos aufnehmen. Es ist wichtig für den körpereigenen Rhythmus, vor allem für die Bewegung und Steuerung der Körperflüssigkeiten (Blut, Lymphe, sonstige Körpersäfte). Eine schlechte Luftqualität sowie eine mangelhafte Atmung sind für die Schwächung des Atmungs-Chi verantwortlich. Um diese Kraft zu stärken, sollte man viel und oft an guter, frischer Luft sein und zur «natürlichen Vollatmung» finden, die in einer harmonischen, ausreichenden Atmung besteht und die Zwerchfell, Lungen und Lungenspitzen füllt. Weitere Hinweise im Abschnitt über Qi Gong.

Das Nahrungs-Chi kommt aus unseren Getränken und Lebensmitteln. Dieses Chi, das über Mund, Schleimhäute und Magen aufgenommen und von der Milz in die Blutbahnen verteilt wird, dient zum strukturellen Aufbau des Organismus. Um das Nahrungs-Chi zu stärken, sollten wir auf eine bewußte, ganzheitliche und gesunde Ernährung achten. Am günstigsten ist eine vegetarische Ernährung. Wir sollten auf die Jahreszeit achten und die Lebensmittel entsprechend auswählen; sie sollten aus unseren Breitengraden stammen. Und schließlich sind auch der Geist und die Liebe der Zubereitung sowie die Muße der Nahrungsaufnahme von Bedeutung.

Das Chi der Abwehrkräfte entsteht aus Umwandlungsvorgängen in Niere und Blase. Es dient der Erhaltung und Stärkung des Immunsystems. Diese Chi-Kraft hat auch etwas mit dem Öffnen und Schließen der Poren zu tun. Das Abwehr-Chi wird gefördert durch Wechselbäder bzw. Wechselduschen, durch kräftige Massagen mit Bürsten, gezielte Körperübungen sowie durch spezielle Kräuter und Wurzeln.

Organuhr und Meridiane

Die Organuhr ist nur ein Teil der gesamten TCM. Sie hat jedoch große praktische Aussagekraft für den Alltagsgebrauch.

Das Gesetz von Yin und Yang, bezogen auf die Hauptmeridiane und die Organe, ergibt, daß die Yang-Meridiane und die Hohl-Organe (z.B. Blase und Magen) vorwiegend Yang-Energie führen und daß in den Yin-Meridianen und den Speicher-Organen (z.B. Niere und Leber) vorwiegend Yin-Energie zirkuliert. Jedoch müssen beide Energien immer in einem gewissen, harmonischen Verhältnis gleichzeitig vorhanden sein.

Gemäß der chinesischen Organuhr fließt die Energie (Chi) abwechselnd durch zwei Yin- und anschließend durch zwei Yang-gepolte Meridiane und deren dazugehörige Organe.

Man beschreibt den Ablauf, indem man bei der Lunge = Yin beginnt. Es folgen Dickdarm = Yang, Magen = Yang, Milz/Bauchspeicheldrüse = Yin, Herz = Yin, Dünndarm = Yang, Blase = Yang, Niere = Yin, Kreislauf = Yin, «Dreifacherwärmer» = Yang, Galle = Yang, Leber = Yin und dann wieder Lunge = Yin.

Diese über 2000 Jahre alte chinesische Organuhr (vgl. nächste Seite) enthält Weisheiten, die uns in die Lage versetzen, viele noch nicht erklärbare Organstörungen und Organerkrankungen besser zu verstehen und zu behandeln.

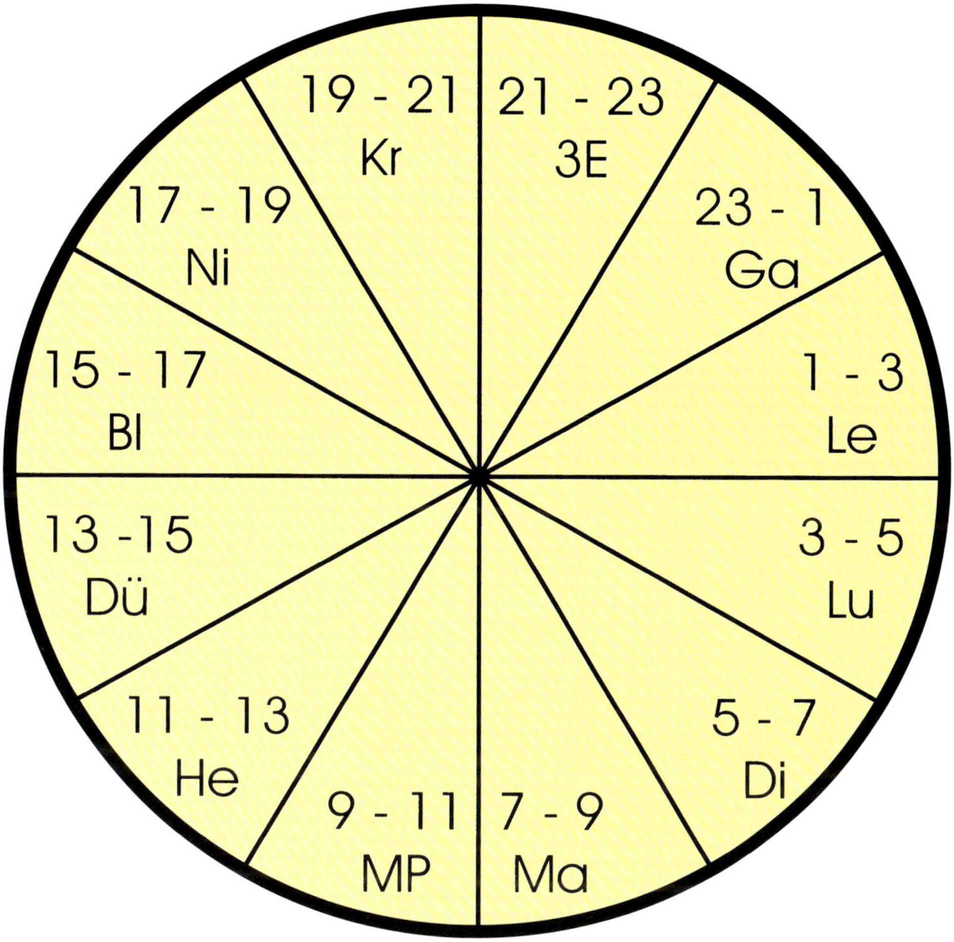

Lunge	=	3 – 5 Uhr
Dickdarm	=	5 – 7 Uhr
Magen	=	7 – 9 Uhr
Milz Pankreas	=	9 – 11 Uhr
Herz	=	11 – 13 Uhr
Dünndarm	=	13 – 15 Uhr
Blase	=	15 – 17 Uhr
Niere	=	17 – 19 Uhr
Kreislauf	=	19 – 21 Uhr
3facher Erwärmer	=	21 – 23 Uhr
(Hormonelle Steuerung)		
Galle	=	23 – 1 Uhr
Leber	=	1 – 3 Uhr

Energie verläuft physiologisch betrachtet nach Zeitzyklen. Eine bestimmte Energiemenge garantiert, daß die Organe rechtzeitig mit ausreichender Energie versorgt werden. Wenn zuviel Energie im Uhrzeigersinn anströmt, können akute Erkrankungen entstehen. Wenn zuwenig Energie fließt, gibt es eine Unterversorgung und Schwächung der betreffenden Organe.

Die TCM hat erkannt, daß jedes Organ innerhalb von 24 Stunden eine Phase der besonderen Aktivität hat sowie eine Zeit der ausgesprochenen Ruhepause. Darin kommt das Prinzip von Yin und Yang auf eine andere Weise erneut zum Ausdruck.

Die Organuhr zeigt uns an, wann die «Hochzeiten» der Organe sind, wann sie also besonders viel leisten müssen, wann viel Chi-Energie benötigt wird und fließen sollte, wann die Organe sehr aktiv sind.

Diese Uhr zeigt aber ebenso an, wann die Organe passiv sind, wann sie entsprechend des natürlichen Kreislaufs der Chi-Energien ihre passive Phase haben.

Für den Laien hat die «Organuhr» den Sinn, daß man oft besser verstehen kann, warum der Körper so oder anders reagiert. Denn die Uhr zeigt die Zeiten an, zu denen die Chi-Lebensenergie in den zu diesen Organen gehörigen Energiebahnen (Meridianen) besonders kräftig fließt, und auch, wann eher eine Ruhepause besteht.

Allgemein fließt die Yang-Energie am Tag stärker, während in der Nacht die Yin-Kraft stärker fließt. Deshalb sollte man tagsüber eher den nach außen gerichteten Aktivitäten nachgehen und in der Nacht dem Organismus die notwendige Ruhepause gönnen – und nicht «die Nacht zum Tage machen», wie es die moderne Zeit oft von uns fordern will.

Die Organuhr gibt ein Raster von zwölf Zweistunden-Phasen vor. Treten nun während des 24-Stunden-Tages irgendwelche Beschwerden auf, so sollten wir feststellen, in welche Zeitphase sie fallen. Wann treten sie auf? In der Zweistunden-Phase des Herzens oder in der Zweistunden-Phase der Niere usw.?

Die tieferen Ursachen unserer Beschwerden lassen sich – so unglaublich das zunächst scheinen mag – anhand der Organuhr auf ein Organ und den dazugehörigen Meridian zurückführen. Gesundheitsstörungen sind nach der TCM ja immer Störungen im Energiefluß, ein Mangel oder eine Stauung an Chi-Energie oder ein Ungleichgewicht bei Yin und Yang.

Die Uhrzeit, wann Beschwerden auftauchen, läßt also Rückschlüsse darauf zu, in welchen Organen und welchen Meridianen Energieblockaden vorliegen.

Zu jedem Zeitpunkt am Tag hat einer der zwölf Meridiane und der dazugehörigen Organe seine «Maximalzeit». Das ist die Zeit des stärksten Energieflusses. Wenn nun jedoch eine Energiebahn (Meridian) oder ein Organ geschwächt, blockiert oder einfach «krank» ist, löst der starke Energiefluß, der in die jeweilige Maximalzeit fällt, eher und deutlichere Symptome und Beschwerden aus als der sonst schwächere Energiefluß während der anderen Zeiten.

Wenn Sie zum Beispiel am Morgen zwischen 3 und 5 Uhr immer wieder Atemnot, Atembeschwerden oder asthmatische Anfälle erleben, so ist das ein Hinweis auf die Zeit des Lungenmeridians. Zwischen 3 und 5 Uhr früh liegt die Maximalzeit des Lungenmeridians: Jetzt strömt am meisten Energie durch diese Leitbahn. Jetzt aber machen sich Schwächen, Blockaden, Störungen oder Krankheiten der Lunge auch am deutlichsten bemerkbar.

In die Zeit von 5 bis 7 Uhr früh fällt die Maximalzeit des Dickdarms. Dies ist auch die natürliche Hauptentleerungszeit. In derselben Zeit erleben Menschen, die an Dickdarmstörungen leiden, aber auch die heftigsten Schmerzen.

Zwischen 7 und 9 Uhr früh ist der Magen in seiner Aktivphase, also in «Höchstform». Wenn wir jetzt gute, gesunde Nahrung zu uns nehmen, stärken wir damit auf natürliche Weise zum richtigen Zeitpunkt das Magen-Chi.

Menschen, die zu Magenproblemen neigen, erleben während der Maximalzeit des Magens zwischen 7 und 9 Uhr früh eher ein Gefühl der «Morgen-Übelkeit», Magendruck oder Aufstoßen.

Von 11 bis 13 Uhr geht die Maximalzeit des Herzmeridians. Jetzt erleben dafür anfällige Menschen ihre «Herzkrise», die sich oft in Form einer Kreislaufschwäche zeigt. Deshalb trinken diese Menschen dann gern einen Kaffee.

Der Maximalfluß im Galle-Meridian ist von 23 bis 1 Uhr nachts. Wer an Gallenstörungen leidet (z.B. durch zu fettes Essen oder Ärger), wird in dieser Zeit nur schlecht (ein-)schlafen können und womöglich mit Galle-Stau (kolikähnliche Schmerzen) wieder aufwachen.

Die Organuhr eignet sich, wie wir schon an diesen wenigen Beispielen gesehen haben, als diagnostische Hilfe. Im Rahmen dieses Buchs ist eine umfassende Darstellung der komplexen Zusammenhänge natürlich nicht möglich. Bitte suchen Sie also auf jeden Fall Ihre/n Behandler/in auf, wenn Sie an ernsthaften Gesundheitsstörungen leiden – und verlassen Sie sich nicht nur auf die Organuhr!

Jedoch können Sie akute Schmerzen lindern und behandeln, indem Sie im Nachschlage-Register Ihre Symptome heraussuchen und feststellen, welche Bachblüte dafür empfohlen wird. Nehmen Sie einige Tropfen dieser Blüte sowohl innerlich wie als Einreibung auf das entsprechende Organ. Sie können auch Umschläge damit machen.

Wie sich die Bachblüten-Therapie und das chinesische Energiesystem von Yin und Yang ergänzen

Wenn das Yang seinen höchsten Punkt erreicht hat,
beginnt das Yin aufzusteigen,
und wenn der Mond sich zu seiner Fülle ausgedehnt hat,
beginnt er, wieder abzunehmen.
Das ist das unveränderliche Tao des Himmels.
Wenn die Kräfte ihren Höhepunkt erreicht haben,
beginnen sie schwächer zu werden,
und wenn natürliche Dinge sich vollständig zusammengeballt haben,
beginnen sie,

wieder auseinanderzustreben.
Auf des Jahres Fülle folgt Vergänglichkeit,
auf die größte Freude folgt Traurigkeit.
Das ist ebenso die unveränderliche Bedingung des Menschen.

(Lieh-Tzu)

Bachblüten sind eine Verbindung von höheren, unsichtbaren Kräften, die über eine körperliche Form, die Blume oder Blüte, und mit Hilfe einer Trägersubstanz oder Übertragung (Blütenmittel) auf unsere psychische Ebene, auf unser Gemüt wirken können, um dort die ursprüngliche Einheit wiederherzustellen.

Die Blüten haben einen Werdegang, eine Entwicklung, wie wir sie auch in der TCM finden: Es entsteht etwas aus einem Keim, der seine Kraft aus dem geistigen Raum schöpft, er wächst und gedeiht, nimmt klar erkennbare Formen an, bleibt der Träger eine geistigen Botschaft, entfaltet sich zu voller Blüte, teilt sich mit und vergeht dann wieder. Der Kreislauf von Werden und Vergehen, Geburt und Tod, Leben und Sein kommt darin zum Ausdruck.

Die Blüten kommen aus dem Tao, bringen Teilaspekte und Teilkräfte zum Ausdruck, die wir nutzen können, um zu unserer Einheit zurückzufinden, und sie gehen wieder ins Ganze des Tao.

Sie erwarten keinen Dank, sie werken ohne zu wirken, sie achten nicht ihrer Früchte, sondern nur ihres Beitrags...

Nach den Lehren der TCM wird aufgrund des energetischen Zustandes eine Diagnose erstellt und die dazugehörige Therapie ausgewählt. Dies können die Moxibustion (Wärmebehandlung an bestimmten Punkten), die Behandlung mit Nadeln, Akupunktur, die Akupunkturmassage, die Schröpfbehandlung, Aufsetzen von Schröpfköpfen oder gezielte Massagen sein. Zusätzlich kennt die chinesische Lehre den Einsatz verschiedener Kräuter und eine gezielte Ernährungstherapie. Diese Behandlung bezieht sich zunächst auf die physische, d.h. körperliche Ebene. Im Verlaufe einer Therapie wirkt sich diese Methode auch auf die seelisch-geistigen Kräfte positiv aus. Gleichzeitig können wir gezielt im Rahmen der Emotionen (gefühlsmäßigen und geistigen Entsprechungen) die Bachblüte bestimmen. So können wir eine therapeutische Behandlung im Sinne der TCM sinnvoll durch diese Kräfte der Bachblüten ergänzen. Wir können in dieser Behandlung die Bachblüten sowohl innerlich einnehmen, als auch äußerlich auf schmerzhafte Hautzonen auftragen.

Nun zu einer Übersicht, wie die 38 Bachblüten dem Yin-Yang-Prinzip der traditionellen chinesischen Medizin entsprechen:

Agrimony stärkt das Yin.
Agrimony stärkt die Bereitschaft zur sachlichen Klärung. Diese Blüte gibt Kraft, sich selbst und den anderen gegenüber Probleme aufrichtig auszudiskutieren. Das führt zu Ausgeglichenheit und innerer Ruhe und unterstützt den Fluß der Yin-Energie.

Aspen stärkt das Yang.
Menschen, die Aspen brauchen, sind zur Zeit in einem Yin-Zustand. Aspen gibt Sensitivität und Schutz, hilft, das Herz zu öffnen, und schützt vor unklaren Angriffen von außen, um sich im realen Alltag besser zurechtzufinden. Aspen stärkt den 7. Sinn und die Intuition und fördert den notwendigen Fluß von Yang-Energie.

Beech stärkt das Yin.
Diese Blüte gibt Toleranz und Großzügigkeit sowie mitmenschliche Liebe. Dadurch wächst das Verständnis und die Akzeptanz der Mitmenschen und die Nachsichtigkeit sich selbst gegenüber. Auf diese Weise bringt Beech die Yin-Energie wieder ins Fließen.

Centaury stärkt das Yang.
Die Bachblüte Centaury fördert Selbstbestimmung und Selbstverwirklichung. Man findet leichter zum wahren Selbst, unabhängig von der Meinung anderer; man erhält Kraft und Klarheit für den eigenen Lebensweg. Die Yang-Energie kann wieder besser und stärker strömen.

Cerato stärkt das Yang.
Dieses Blütenprinzip stärkt das Selbstvertrauen und die Intuition und kräftigt die Eigenverantwortung, Unabhängigkeit und Entscheidungsfähigkeit. Die Yang-Energie kommt wieder in einen harmonischen Fluß.

Cherry Plum stärkt das Yin.
Diese Blüte unterstützt seelische Offenheit und Ausgeglichenheit. Sie gibt Ruhe, Vertrauen und geistige Stärke, fördert das Bewußtwerden und das Zulassen der eigenen Gefühle. Die Yin-Energie kann besser fließen.

Chestnut Bud stärkt das Yang.
Chestnut Bud fördert die Lernfähigkeit und die Lernbereitschaft. Diese Blüte hilft, für das Neue offen zu sein, um das eigene Potential wirklich und besser zu entfalten. So kommt es zu einer Stärkung der Yang-Energie.

Chicory stärkt das Yin.
Das Blütenprinzip ist hier die Uneigennützigkeit und die bedingungslose Liebe sowie eine gesunde Distanz zum Nächsten. Dadurch kann es wieder zu einem harmonischen Fluß der Yin-Energie kommen.

Clematis stärkt das Yin.
Diese Bachblüte hilft, in der Realität, im Hier und Jetzt zu leben. Sie gibt Selbstdisziplin, bringt Stabilität, Konzentration und Erdverbundenheit. Die Yin-Kraft wird damit in ihrem natürlichen Fluß gefördert.

Crab Apple stärkt das Yin.
Crab Apple enthält das Blütenprinzip Reinigung bzw. innere Ordnung. Diese Bachblüte stärkt die Bereitschaft zur Veränderung. Man akzeptiert die menschliche Unvollkommenheit leichter. So kommt es zu einem harmonischen Fluß der Yin-Energie.

Elm stärkt das Yang.
Elm kräftigt und gibt Zuversicht in die eigene Leistung. Diese Bachblüte stärkt das Selbstvertrauen und verleiht Energie und großes Standvermögen. Damit kann die Yang-Energie harmonisch fließen.

Gentian stärkt das Yang.
Dieses Blütenprinzip gibt eine optimistische Lebenshaltung und positive Einstellung zur göttlichen Kraft. Gentian fördert ein Erfolgsbewußtsein. Diese Blüte läßt die Yang-Kraft wieder stärker und harmonischer strömen.

Gorse stärkt das Yang.
Diese Bachblüte gibt Hoffnung auf Besserung, neuen Lebensmut, Optimismus und Vertrauen in das Leben. Sie stärkt den Fluß der Yang-Energie.

Heather stärkt das Yin.
Dieses Blütenprinzip schenkt Einfühlungsvermögen, gibt Geborgenheit in sich selbst mit dem Gefühl der Weite und des Friedens. Heather öffnet für wahre Menschen- und Nächstenliebe. So fördert es die Yin-Energie.

Holly stärkt das Yin.
Diese Blüte verleiht Lebendigkeit und eine tolerante Einstellung zu den menschlichen Gefühlen. Sie fördert das Verständnis für andere Menschen und deren Lebenslage. Holly stärkt den harmonischen Fluß der Yin-Kraft.

Honeysuckle stärkt das Yang.
Das Blütenprinzip dieser Bachblüte gibt Interesse an der Gegenwart, stärkt die Fähigkeit, die Vergangenheit als Vergangenes zu akzeptieren, und fördert die Freude am Leben. Die Yang-Energie kann wieder besser fließen.

Hornbeam stärkt das Yang.
Hornbeam bringt geistige Frische, Motivation und Tatkraft. Diese Bachblüte verleiht Lebensenergie, Schwung, Stärke und Ausdauer für den Alltag. So strömt die notwendige Yang-Kraft auf harmonische Weise.

Impatiens stärkt das Yin.
Dieses Blütenprinzip ist Geduld und Mitgefühl. Impatiens ermöglicht Nachsicht mit sich selbst und mit den Mitmenschen, gepaart mit Ausgeglichenheit und innerer Ruhe. Die Yin-Energie kann wieder besser fließen.

Larch stärkt das Yang.
Dieses Blütenprinzip gibt Selbstbewußtsein und Selbstwert, Willenskraft und Kreativität sowie Vertrauen in die eigene Kraft. Die Yang-Energie kommt in einen harmonischen Fluß.

Mimulus stärkt das Yang.
Die Bachblüte Mimulus stärkt Tapferkeit und Vertrauen, gibt Mut in konkreten Situationen sowie Vertrauen in die innere Führung. So kommt die notwendige Yang-Kraft ins Strömen.

Mustard stärkt das Yang.
Das Blütenprinzip ist hier Frohsinn, Leichtigkeit und Heiterkeit. Mustard hilft, den momentanen Zustand innerlich zu akzeptieren und bewußt zu durchleben. Dabei werden Trübsal vertrieben und Freude in das Leben gebracht. Die Yang-Energie kann wieder harmonisch fließen.

Oak stärkt das Yin.
Das Blütenprinzip ist Ausdauer und Standfestigkeit. Oak hilft, mit dem Leben spielerisch umzugehen. Es bringt mehr Freude in den Alltag. Gefühle können zugelassen werden, ohne sie als Schwäche zu empfinden. Oak hilft, mit der eigenen Kraft hauszuhalten und sich nicht zu überfordern. Die Yin-Energie kann wieder harmonisch fließen.

Olive stärkt das Yang und baut die Chi-Energie auf.
Diese Bachblüte gibt Lebenskraft und unterstützt den Willen, sich auch Phasen der Erholung zu gönnen. Sie weckt neuen Mut und schenkt Vitalität und Energie; damit eignet sie sich auch für die Regeneration. Olive ist die Bachblüte, welche die Chi-Energie deutlich spürbar wieder aufbaut. Damit kommt es wieder zu einem harmonischen Fluß der Yang-Kraft.

Pine stärkt das Yin.
Das Blütenprinzip ist innere Befreiung und Selbstliebe. Pine hilft, mit sich selbst und den eigenen Leistungen zufrieden zu sein, sich selbst als vollkommenes Wesen zu akzeptieren, sich so zu lieben, wie man ist, und die Liebe anderer anzunehmen. Die Yin-Energie wird so gefördert.

Red Chestnut stärkt das Yin.
Hier geht es um positives Denken und Gelassenheit sowie um Vertrauen in das Leben. Diese Blüte hilft, Sorgen und Ängste um andere loszulassen und durch positives Denken zur inneren Ruhe zurückzufinden. Die Yin-Kraft kommt wieder in ein harmonisches Fließen.

Rock Rose gleicht extreme Yin- und Yang-Zustände aus.
Das Blütenprinzip von Rock Rose ist Mut und geistige Kraft. Diese Blüte bringt den Menschen mit neuen Kräften in Verbindung, die Klarheit in Gedanken und Gefühlen sowie Tapferkeit vermittelt. Diese Blüte gleicht einen extremen Mangel bzw. einen extremen Überschuß an Yin- *oder* Yang-Kraft aus (wie er zum Beispiel nach einem Schockerlebnis auftreten kann).

Rock Water stärkt das Yang.
Das Quellwasser schenkt Flexibilität. Es hilft, überholte, starre Verhaltensweisen zu überdenken. Es gibt Frieden, innere Freiheit, hilft, andere besser zu verstehen und ihnen zu verzeihen, und gibt mehr innere Anpassungsfähigkeit für den Alltag. So fördert Rock Water den harmonischen Fluß von Yang-Kraft.

Scleranthus gleicht zwischen Yin und Yang aus.
Das Blütenprinzip ist Entschlußkraft. Scleranthus hilft, zur eigenen Mitte zu kommen, und stärkt die Entscheidungsfähigkeit. Es bringt geistige Klarheit und hilft, in Kontakt mit dem «höheren Selbst» zu gelangen. Diese Bachblüte bringt die beiden polaren Kräfte von Yin und Yang in ein harmonisches Gleichgewicht.

Star Of Bethlehem stärkt das Yang.
Diese Bachblüte schenkt das Prinzip Heilung. Sie hilft, Energieblockaden zu lösen, und stärkt die inneren Selbstheilungskräfte; seelische Belastungen werden besser verkraftet, und man kann auch wieder verzeihen. Sie befreit Leib und Seele von Prägungen durch traumatische Ereignisse und gibt Trost im Licht und der Liebe Gottes. Die Lebensenergie kommt besser in Fluß. Die Yang-Kraft gelangt in einen harmonischen Fluß.

Sweet Chestnut stärkt das Yang.
Durch Dunkelheit kommt man zum Licht. Diese Bachblüte hilft, eine schmerzhafte Phase zu durchleben. Sie verleiht die Erkenntnis, daß jeder Schmerz einen Sinn hat, nämlich die Chance zur inneren Wandlung, und hilft so, das Schicksal mit Zuversicht zu akzeptieren. Yang-Energie kann wieder strömen.

Vervain stärkt das Yin.
Das Blütenprinzip ist Idealismus und Selbstdisziplin sowie Toleranz. Vervain hilft, wenn man im Bemühen, etwas Gutes zu tun, oder im missionarischen Eifer zu weit gegangen ist. Es hilft, andere mit ihren Meinungen zu akzeptieren, die eigenen Ideen und Ideale auf sanfte und stille Weise zu vermitteln und zu einem gesunden Idealismus zu gelangen. Die Yin-Kraft gelangt in ein natürliches Fließen.

Vine stärkt das Yin.
Vine verhilft zu einer natürlichen Autorität. Es unterstützt dabei, sich in andere hineinzufühlen und deren Meinung zu akzeptieren. Thema ist hier auch, zu dienen und Liebe und Mitgefühl zu entwickeln. Vine fördert den harmonischen Fluß der Yin-Energie.

Walnut stärkt das Yang.
Das Blütenprinzip von Walnut ist Wandlung und Neubeginn. Diese Blüte hilft, sich in einer Zeit des Umbruchs selbst treu zu bleiben und den eigenen Lebensweg zu finden, konsequent und unbeeinflußt von der Meinung anderer. Walnut hilft, einem Ziel zu folgen und auf die Stimme der eigenen Seele zu hören. So dient diese Bachblüte dem kraftvollen Fluß der Yang-Energie.

Water Violet stärkt das Yang.
Hilft, aus der freiwilligen Isolation herauszukommen und die Nähe oder Hilfe anderer anzunehmen sowie die eigenen Werte in Demut, Bescheidenheit und Freude weiterzugeben. Themen sind Gemeinsamkeit, zuhören, sich für den Mitmenschen zu öffnen. Man kann zum weisen und bescheidenen Ratgeber werden. Die Yang-Kraft gelangt in ein harmonisches Strömen.

White Chestnut stärkt das Yin.
Das Blütenprinzip ist konzentrierte Gedankenkraft (= Yin). White Chestnut beruhigt die Gedanken, läßt zur inneren Ruhe finden und hilft, ganzheitlich zu denken. Diese Blüte gibt Ruhe, geistige Klarheit und läßt göttliche Gesetze erkennen. So fördert sie das natürliche Fließen der Yin-Kraft.

Wild Oat stärkt das Yin.
Wild Oat dient der Selbstfindung und der Selbstverwirklichung. Diese Bachblüte hilft, die eigenen Fähigkeiten vollständig wahrzunehmen, sie zu entfalten und gezielt einzusetzen und sich auf eine Sache zu konzentrieren. Sie bringt Klarheit über Lebensziele. Wild Oat fördert den Fluß der Yin-Energie.

Wild Rose stärkt das Yang.
Das Blütenprinzip heißt Reichtum durch innere Lebensfreude. Wild Rose bringt das Interesse und die Freude am alltäglichen Leben zurück. Diese Blüte schenkt Kraft zur Veränderung der Situation. Sie stärkt den Einklang zwischen Seele, Persönlichkeit und Körper. So fördert Wild Rose das Fließen der Yang-Kraft.

Willow stärkt das Yang.
Willow bringt Selbstvertrauen in das eigene Leben. Man lernt, Meister des eigenen Schicksals zu werden, alten Groll loszulassen und die Kraft und den Willen zu entdecken, das Leben selbst zu meistern. Es geht um das Thema Freiheit. Die Yang-Energie strömt wieder frei.

Notfallmittel: Ausgleich von extremen Yin- und Yang-Zuständen.
Das Blütenprinzip des «Rescue Remedy» ist «Hilfe in der Not», um das innere Gleichgewicht wiederzufinden. Das Notfallmittel gibt Vitalität und dient dem Ausgleich bei einem starken Mangel oder einem starken Überschuß an Yin oder Yang, zum Beispiel in Extremsituationen, bei Operationen oder nach Unglücksfällen.

Die 38 Bachblüten und das Notfallmittel in der Praxis – mit Kurzbeschreibung, Abbildungen, erprobten Anwendungen und den Originaltexten von Dr. Edward Bach

Blumen und Pflanzen sind das Lächeln der Erde.

(Ralph Waldo Emmerson)

1. Agrimony – Odermennig
Gruppe 5, Überempfindlichkeit

Kurzbeschreibung
Menschen, die Agrimony brauchen, sind stark harmoniebedürftig; sie wirken nach außen häufig harmonisch, fröhlich und sogar humorvoll. Dabei möchten sie gern allein sein und gehen Konfrontationen am liebsten aus dem Weg.

Auf tiefsinnige und sie möglicherweise herausfordernde Gespräche lassen sie sich nicht gern ein. Ernste Situationen versuchen sie am liebsten, ins Komische zu wenden – als eine Form der Ablenkung. Man könnte sie pointiert als «Menschen mit einer Spaßvogelmaske» bezeichnen. Auf Geräusche reagieren sie sehr empfindlich.

Diese Menschen greifen gern zu Alkohol, Drogen oder anderen Mitteln, um ihre quälenden Gedanken zu vergessen. Ihre innere Unruhe läßt sich oft an ihrer Mundmimik ablesen, die beherrschte Verspannungen anzeigt. Im Grunde verdrängen sie die Notwendigkeit, sich mit seelisch-spirituellen Fragen und ihrem Lebenssinn konstruktiv auseinanderzusetzen. Sucht ist eine Sehn-Sucht nach höheren und dauerhaften Werten, also nach Glück und Erfüllung. Diese finden wir letztlich nur auf der Ebene der Seele und des Göttlichen (siehe auch Kapitel über Spirituelle Energiearbeit).

Mental-
programm

«Ich bin klar.»
«Ich bin ehrlich mit mir selbst.»
«Ich öffne mich für Tiefe.»

Erprobte Anwendungen von Agrimony im Alltag
- bei Sorgen, besonders bei materiellen Sorgen
- bei verdrängtem Schmerz aufgrund alter seelischer Verletzungen
- bei Schuldgefühlen, inneren Qualen und Konflikten
- bei Suchtverhalten aller Art (Alkohol, Nikotin, Eßsüchte usw.)
- bei Ruhelosigkeit und Schlafstörungen
- bei Verspannungen und Krämpfen
- bei rheumatischen Beschwerden
- bei Verstopfung
- bei Geräuschempfindlichkeit
- wenn man wahre Muttergefühle nicht annehmen kann
- bei Nagelbeißen, Haut- oder Haarzupfen
- bei Lernfaulheit
- bei Fröhlichkeit trotz Krankheit
- bei nächtlichem Zähneknirschen

Agrimony bewirkt eine psychosomatische Lockerung. Verborgener Kummer wird aufgelöst. Sie gewinnen mehr Mut, sich Ihre Wirklichkeit genau anzusehen und wichtigen Themen nicht mehr aus dem Weg zu gehen. Sie erhalten einen neuen

Impuls, Ihren Teil der Verantwortung für ein erfülltes Leben anzunehmen und sich mit den existentiellen Fragen des Menschseins zu beschäftigen. Sie können Ihre Schwächen als Endresultat alter Verletzungen annehmen und sie so überwinden bzw. ablegen. Sie können sich besser mit Ihren «Schatten», also ungelösten Blockaden im Unterbewußtsein, auseinandersetzen.

Vermeiden Sie bitte möglichst alle Giftstoffe, die Ihren Organismus und besonders Ihre Nerven belasten, oder vermindern Sie zumindest Ihren Konsum dieser Mittel ganz deutlich. Zu diesen Stoffen zählen halluzinogene Drogen, Alkohol, Nikotin, Kaffee, Schwarztee sowie stark raffinierte und/oder gebleichte Nahrungsmittel, zum Beispiel Weißzucker und Weißmehl. Diese Stoffe führen zu psychosomatischen Suchtverhalten und Abhängigkeiten. Dieser Hinweis gilt für alle Bachblüten der Gruppe 5, Überempfindlichkeit. Entwickeln Sie bitte Ihre Kreativität, malen Sie, machen Sie Musik, schreiben Sie ein Gedicht.

Originaltext Dr. Bach

«Für jene umgänglichen, jovialen, heiteren und humorvollen Zeitgenossen, die ihren Frieden lieben, sich von jeder Debatte oder jedem Streit sehr belastet fühlen und bereit sind, viel zu tun, um solche Unannehmlichkeiten zu vermeiden. Obwohl sie im allgemeinen Probleme haben, ihr Gemüt und ihr Körper darunter leidet und sie eigentlich unruhig und voller Sorgen sind, verstecken sie das, was sie beschäftigt, hinter ihrem Humor und Witz. Sie gelten als sehr gute Freunde. Oft mißbrauchen sie Alkohol oder Drogen, um sich zu stimulieren und sich so scheinbar zu helfen, ihre Prüfungen fröhlich zu ertragen.»

2. Aspen – Espe (Zitterpappel)
Gruppe 1, Angst

Kurzbeschreibung
Menschen, die Aspen brauchen, fühlen sich als Opfer plötzlicher Ängste und «energetischer Angriffe». Sie neigen dazu, mit anderen Menschen nicht über ihre Probleme zu sprechen. Sie leiden unter bösen Vorahnungen, die allerdings ihrer eigenen Vorstellung entspringen und keine reale Bestätigung bekommen.

Diese Menschen sind abergläubisch, haben Angst vor dem Unsichtbaren und sind dennoch fasziniert vom Okkulten. Dem Aspen-Typ gelingt es nicht, die Ebene der Emotionen und der Intuitionen mit dem Tagesbewußtsein in Einklang zu bringen. Die unverarbeiteten Themen zeigen sich in der Nacht durch Alpträume, Schlafwandeln oder Aufwachen mit panischer Angst. Die Angstgefühle können so stark sein, daß Sie sich nicht mehr getrauen, wieder einzuschlafen.

Diese Angst kann sich auch auf die körperliche Ebene beziehen: Angst vor Vergewaltigungen, Mißhandlungen oder Überfällen. Aspen-Menschen fühlen sich schnell ausgelaugt in Menschenansammlungen, konfliktgeladenen Situationen am Arbeitsplatz oder in der Familie.

Das tiefe Vertrauen in dieses Leben ist verlorengegangen. Aspen hilft, das Urvertrauen wieder aufzubauen, zu stärken und an die göttliche Führung zu glauben.

Mentalprogramm

«Ich bin mutig.»
«Ich bin gelassen.»
«Ich habe Vertrauen.»

Erprobte Anwendungen von Aspen im Alltag

- bei plötzlichen, grundlosen Ängsten mit Zittern
- bei Angst vor unsichtbaren Mächten
- bei Alpträumen sowie Panik davor, wieder einzuschlafen
- bei Zwangsvorstellungen
- beim Gefühl, nicht ernstgenommen zu werden
- bei Angst vor Gewalt oder Mißhandlungen (inkl. Vergewaltigung und Überfällen), die sich auch körperlich manifestiert
- bei starken Schweißausbrüchen mit oder ohne Zittern
- bei Furcht vor Geistern und Gespenstern
- bei Neigung zum Schlafwandeln und Sprechen im Schlaf
- bei Angst in einer Menschenmenge
- wenn man nicht alleine ohne Licht schlafen kann
- bei Angst vor Änderung und Neubeginn
- bei Angst vor der Schwangerschaft

Aspen hilft, den Lebensmut zu stärken, die Intuition zu wecken und mit den Gefühlen sinnvoll umzugehen. Es hilft uns, die Wetterfühligkeit – gepaart mit Unwohlsein – umzupolen und vegetative Labilität, Kreislaufschwäche oder Herzstörungen auszugleichen. Böse Vorahnungen werden neutralisiert, Mißtrauen beseitigt. Aspen gibt Kraft zur ernsthaften Auseinandersetzung mit der Wahrnehmung, dem Erlebten, dem Erfüllten.

Vorschlag für die Mischung eines Raumsprays für Sensible:
50 ml Äthanol 3%
14 Tropfen Aspen
6 Tropfen Lavendelöl
ein kleiner Amethyst.

Das schirmt negative Kräfte ab. Dreimal täglich den Raum besprühen.

Originaltext Dr. Bach

«Bei vagen, nicht erkennbaren Ängsten, für die es weder eine Erklärung noch einen Grund gibt.

Der Patient mag von Schrecken darüber erfüllt sein, daß sich etwas Entsetzliches ereignen wird, das er aber nicht genau bestimmen kann. Diese unerklärlichen Ängste können ihn sowohl nachts wie tagsüber verfolgen.

Menschen, die darunter leiden, trauen sich oft nicht, mit anderen über diese Probleme zu sprechen.»

3. Beech – Rotbuche
Gruppe 7, Überfürsorge

Kurzbeschreibung
Die Menschen, die dem Beech-Typus entsprechen, wirken arrogant. Sie sind kritisch und meinen, sich zu allen Angelegenheiten äußern zu müssen, und mischen sich deshalb gern überall ein. Sie neigen dazu, ironisch zu sein und andere Menschen herabzusetzen.

Dahinter steckt vor allem das Bedürfnis nach Selbstschutz: Indem ich ironisch oder bissig reagiere und mich über andere Personen kritisch auslasse, lenke ich von meinen eigenen Problemen ab. Auch Standesdünkel kann bei dieser Bachblüte eine Rolle spielen. Und schließlich gibt es auch Menschen, die aus reinem Mitgefühl «helfen» wollen, aber des Guten zu viel tun und dabei nur ihre Art zu helfen gelten lassen wollen.

Diese Menschen haben enge und starre Moralvorstellungen, stehen unter innerer Anspannung (meist, ohne das selbst so zu sehen) und sind leicht reizbar. Es mangelt ihnen an genügendem Verständnis für die Individualität des einzelnen, und deshalb engen sie (ohne daß ihnen das in den meisten Fällen klar ist) die Entfaltung und den Raum anderer Personen stark ein. Durch ihr Verhalten isolieren sie sich selbst.

Mental-programm

«Ich bin tolerant.»
«Jeder Mensch ist wertvoll.»
«Ich sehe das Positive in jedem Menschen.»

Erprobte Anwendungen von Beech im Alltag

- beim Gefühl, daß andere Menschen oft unausstehlich sind
- beim Gefühl, daß andere Menschen zu begriffsstutzig, zu dumm, zu langsam, zu unaufmerksam, zu ungebildet sind
- bei innerer Nervosität und Gereiztheit, die sich in einem Mangel an Ruhe und Gelassenheit in vielen Situationen äußern
- bei Starre und Steifheit im oberen Brustbereich, an Armen und Kiefergelenken
- bei Empfindlichkeit gegen Lärm
- bei Darmstörungen
- bei Allergien
- Beech hilft, die eigenen blockierten Gefühle anzuschauen
- gut für die ewigen «Meckerer», die Sätze immer mit «nein» oder «aber» anfangen
- bei gefühlsmäßiger Intoleranz mit gleichzeitiger Toleranz
- bei Ablehnung von eigenen Unverträglichkeiten und Abneigungen (man sollte damit offen umzugehen lernen und dazu stehen und in

diesem Zusammenhang konsequent solche Lebensumstände und jene Menschen – sei es auch nur zeitweise – meiden, die man nicht mag)
- für Menschen, die an allem etwas auszusetzen haben, die diskriminieren und die in Abwesenheit der anderen diese kritisieren (durch eine derartige Haltung entsteht eine innere Verhärtung, die sich auch in Form einer Darmträgheit auswirken kann).

Originaltext Dr. Bach

«Für jene, die das Bedürfnis spüren, mehr Gutes und mehr Schönheit in ihrer Umwelt zu sehen, und die, obwohl vieles falsch oder schlecht erscheint, die Fähigkeit entwickeln möchten, das Gute im Inneren zu entdecken. Damit können sie toleranter, nachgiebiger und verständnisvoller dafür werden, daß jedes Individuum und alle Dinge auf ihre eigene Vollendung hinarbeiten.»

(Anmerkung: Der englische Originaltext ist schwierig. Das hat manche Interpreten dazu verleitet, «Beech» vor allem als Mittel bei Intoleranz, Kritiksucht bzw. Urteilssucht zu empfehlen. Nach Bach geht es aber auch darum, daß die hier beschriebenen Menschen sehr oft das Wohl anderer Menschen im Auge haben und nicht von selbstsüchtigen Motiven bestimmt sind.)

4. Centaury – Tausendgüldenkraut
Gruppe 5, Überempfindlichkeit

Kurzbeschreibung

Menschen, die Centaury brauchen, können mit Kritik schlecht umgehen und nehmen Kritik meist grundlos sehr persönlich. Diese Personen haben ein nur geringes Selbstwertgefühl und verfügen über eine mangelhafte Selbstachtung. Sie sind leicht beeinflußbar und können schwer nein sagen. Sie sind liebenswerte, gutmütige Menschen, die gerne anderen zu Diensten sind, aber noch lernen müssen, daß es auch eine unangemessene «Opferbereitschaft» gibt, die keinem etwas nutzt.

Sie können sich nur schwer durchsetzen, weil ihnen Kraft und Antrieb dazu fehlen. Höhergestellten und deren Meinungen räumen sie oft mehr Bedeutung ein, als ihnen zustehen würde – sie richten sich stark an (vermeintlichen) Vorgaben von «Autoritäten» aus. Sie wirken unterwürfig und werden dann als «seelische Fußabstreifer» benutzt bzw. fühlen sich so.

Es fällt ihnen schwer, sich abzugrenzen. Es mangelt ihnen an eigener Willenskraft. Sie erleben Enttäuschungen, wenn ihre meist unausgesprochenen Wünsche keine Erfüllung finden.

Mentalprogramm

«Ich bleibe bei mir.»
«Ich bin immer liebenswert.»
«Ich bin klar.»

Erprobte Anwendungen von Centaury im Alltag

- bei Schüchternheit
- bei mangelnder Anerkennung durch andere («Minderwertigkeitskomplex»)

- bei Enttäuschungen
- bei übertriebener Opferbereitschaft
- bei Willensschwäche
- bei Rückfall in kindliches Verhalten
- wenn man sich als «seelischer Fußabstreifer» für die Probleme anderer fühlt
- wenn man sich wie Aschenputtel fühlt
- bei niedrigem Blutdruck
- wenn man nicht nein sagen kann
- Centaury stärkt die Ich-Kraft
- für Kinder, die sich alles gefallen lassen
- bei Magersucht

Centaury gibt immer neue Stärke und Klarheit. Centaury hilft, die aufgesetzte Dienstbereitschaft zu erkennen und zu lernen, aus dem inneren Liebesprinzip zu helfen.

Die Anerkennung des anderen wird nicht mehr wichtig, das Äußere verblaßt und die inneren Werte bekommen Impulse durch die gestärkte Willenskraft.

Sehr empfehlenswert auch nach lang anhaltenden Krankheiten, wenn sich der Patient geschwächt fühlt; Centaury hilft, wieder gesund werden zu wollen.

«Für Menschen, die freundlich, still und sanft sind, dabei übereifrig anderen dienen wollen und bei ihren Unternehmungen ihre Kräfte überschätzen. Ihr Streben überwältigt sie derart, daß sie mehr zu Bediensteten als zu freiwilligen Helfern werden. Ihre Gutmütigkeit läßt sie mehr als ihren Arbeitsanteil übernehmen, und dann kann es ihnen passieren, daß sie ihre eigene Lebensaufgabe vernachlässigen.»

Originaltext Dr. Bach

5. Cerato – Bleiwurz
Gruppe 2, Unsicherheit

Kurzbeschreibung
Menschen, die dem Cerato-Typus entsprechen, haben einen Mangel an Selbstvertrauen und zweifeln an ihrer eigenen Urteilskraft. Es fehlt ihnen an Intuition bzw. an Vertrauen, auf ihre innere Stimme überhaupt zu hören und ihren Impulsen dann auch zu folgen. So fragen sie laufend andere Menschen und richten sich nach deren Meinungen. Wünsche und Bedürfnisse anderer Personen sind ihnen sehr wichtig, und sie reagieren übertrieben darauf.

Sie können schwer länger ruhig zuhören und unterbrechen eingehendere Erklärungen oft mit Zwischenfragen. Mit ihrem übersteigerten Informationshunger gehen sie anderen leicht auf die Nerven.

Mental-
programm

«Ich höre auf meine eigene innere Stimme.»
«Ich grenze mich ab.»
«Ich habe Vertrauen.»

Erprobte Anwendungen von Cerato im Alltag
- bei Unselbständigkeit
- bei Selbstzweifeln
- bei Neigung, leicht zu ermüden
- wenn man keinen Rat annehmen will (obwohl man vielleicht sogar darum bittet)
- wenn man jede Mode und jede Diät mitmacht
- wenn man andere nicht überzeugen kann
- bei Unsicherheit
- wenn man seinem eigenen Urteilsvermögen mißtraut
- bei sehr wechselhaften Stimmungen

- wenn man nicht auf die eigene innere Stimme hört
- bei Angst vor Gefühlen
- bei Angst vor der Liebe
- wenn Kinder bei der Klassenarbeit alles Richtige durchstreichen
- wenn man alles nachmachen möchte

Die Bachblüte Cerato hilft, die eigene Verantwortung für eine Entscheidung anzunehmen und sich dann auch zu entscheiden.

Originaltext Dr. Bach

«Für Menschen, denen es an ausreichendem Selbstbewußtsein mangelt, um ihre eigenen Entscheidungen zu treffen.

Sie suchen ständig nach Ratschlägen von anderen und werden dabei oft fehlgeleitet.»

6. Cherry Plum – Kirschpflaume

Gruppe 1, Angst

Kurzbeschreibung

Diese Menschen haben Angst, innerlich wirklich loszulassen. Sie leiden unter Temperamentsausbrüchen und zeigen unbeherrschte Reaktionen. Sie sind in ihren Verhaltensweisen oft unberechenbar und womöglich auch aggressiv.

Noch aus der Kindheit sind Gefühlsverletzungen und daraus resultierende ungelöste Probleme und bestimmte Muster angelegt und wirken wie Energieblockaden, die sich ab und zu ein Ventil suchen, um den Überdruck loszuwerden.

Sie leiden selbst unter ihrem (meist unbewußten) Gefühlsstau und sind häufig am Rande der Verzweiflung, ohne die wirklichen Ursachen für ihre Gemütslage erkennen zu können.

Mental-
programm

«Ich bin im Fluß.»
«Ich beobachte mich bewußt.»
«Ich bin voller Frieden.»

Erprobte Anwendungen von Cherry Plum im Alltag

- bei allen Spannungen durch unterdrückte Gefühle
- bei sich daraus ergebenden Muskelverspannungen
- bei unkontrollierten Ausbrüchen
- bei Zähneknirschen und Nägelbeißen
- bei Bettnässen
- für Kinder mit hohem Fieber
- bei Zangengeburten auf die offene Fontanelle geben
- bei Angst vor Nervenzusammenbruch
- bei zwanghaftem Sprechen
- allgemein bei Wutausbrüchen
- bei Wutausbrüchen von Kindern, die sich gerne auf den Boden werfen und schwer beruhigen lassen
- bei Neurodermitis
- bei Morbus Parkinson
- bei heftigen Schmerzen, die bis zum Wahnsinn führen
- bei Besessenheit, fixen Manien und zwanghaften Ideen
- bei Furcht vor Geisteskrankheit
- bei Angst vor der Heilanstalt
- bei schizophrenen Schüben durch fehlgeleitete Meditationen

«Bei Angst vor mentaler Überanstrengung; bei Furcht, den Verstand zu verlieren und fürchterliche bzw. gefürchtete Dinge zu tun, die man nicht zu tun wünscht und als falsch erkennt, obwohl Gedanken und Impulse auftauchen, sie dennoch zu tun.»

Originaltext Dr. Bach

7. Chestnut Bud – Roßkastanienknospe
Gruppe 3, Mangelndes Gegenwartsinteresse

Kurzbeschreibung
Diesem Menschentypus fällt es schwer, aus bereits mehrfach gemachten Erfahrungen und sogar aus wiederkehrenden Fehlern praktische Lehren zu ziehen und seine Denk- und Verhaltensmuster konsequent zu ändern. Der Vorgang des Erkennens und Begreifens und der sinnvollen Schlußfolgerungen aus den gewonnenen Einsichten geht langsam vor sich.

Zerstreutheit, Unbeholfenheit und manchmal auch Voreiligkeit – man ist schon zwei Schritte weiter als im Hier und Jetzt – sind typische Anzeichen. Desinteresse oder Ungeduld gehören auch dazu.

Man kann bestimmte Eigenwilligkeiten oder sogar Lernunwilligkeiten auf der körperlichen oder geistigen Ebene beobachten. Man stößt sich immer wieder an einer Tischkante an, oder man beharrt immer wieder auf der eigenen Sichtweise.

Diese Menschen sind in Gedanken immer einen Schritt voraus und dadurch ungeduldig und ohne Interesse an der aktuellen Situation. Dieser Typ lernt nur, was ihn interessiert, und möchte den anderen Dingen im Leben keine Aufmerksamkeit schenken.

Mental-
programm

«Ich bin im Hier und Jetzt.»
«Ich habe ein gutes Gedächtnis.»
«Ich lerne aus meinen Prüfungen.»

Erprobte Anwendungen von Chestnut Bud im Alltag

- bei Ungeduld
- bei mangelnder Selbstwahrnehmung (wenn man zum Beispiel seinen Körper nicht richtig spürt oder die Situation, in der man sich befindet, nicht richtig einschätzen kann)
- bei Blockaden im Verlauf von Therapien (diese Blüte kann einen Durchbruch bringen, wenn Heilmethoden und Heilmittel scheinbar nicht [mehr] wirken)
- zur Unterstützung in schwierigen Lern- und Prüfungssituationen, vor allem bei geistiger Beanspruchung
- bei krankhaften Wiederholungszwängen jeder Art
- bei periodisch auftretenden Krankheiten wie Migräne, Asthma, Akne, Schmerzanfällen
- für Töchter von Alkoholikern, die immer wieder ähnliche Lebenspartner anziehen
- bei Wiederholung von Unfällen nach dem gleichen Muster
- bei Arteriosklerose
- bei Sucht nach Abenteuern
- wenn man öfters die Schlüssel verlegt
- wenn man vergißt, Herdplatten oder Licht auszuschalten
- bei Fernsehsucht
- bei langsamem Lernen

Chestnut Bud ist besonders angebracht zur Stärkung der Sinnesorgane und des gesamten Bewegungsapparates.

Originaltext Dr. Bach

«Für jene, die sich Lebenserfahrungen und -beobachtungen nicht voll zunutze machen und die länger als andere brauchen, um die Lektionen des Alltags zu lernen. Während für manche Menschen eine einzige Erfahrung genügen würde, um die entsprechende Einsicht zu gewinnen, finden es diese Menschen notwendig, mehrere, manchmal viele gleichartige Erfahrungen zu machen. Deshalb stellen sie zu ihrem Bedauern fest, daß sie bei verschiedenen Gelegenheiten häufig denselben Irrtum begehen, wobei eine einmalige Erfahrung sie eigentlich davor behüten müßte oder ihnen die Beobachtung anderer sogar diesen einen Fehler hätte ersparen können.»

8. Chicory – Zichorie (Wegwarte)

Gruppe 7, Überfürsorge

Kurzbeschreibung

Menschen, die Chicory brauchen, knüpfen ihre Liebe an Bedingungen. Sie können schwer vergeben und vergessen. Sie kümmern sich auf übertriebene Weise um Menschen, die ihnen nahestehen, sei es in der Familie, am Arbeitsplatz, im Verein oder unter Freunden.

Dabei bildet ein deutlicher Kontrollanspruch unausgesprochen den Hintergrund ihrer Motivation. Wenn auf sie nicht (mehr) gehört wird bzw. ihre Dienste nicht mehr angenommen werden, fühlen sie sich schnell beleidigt, übergangen oder zurückgesetzt. Wenn sie von der Umgebung anscheinend «nicht mehr gebraucht» werden, fühlen sie sich auch gern selbst ausgenutzt.

Mangelnde Anerkennung und Dankbarkeit für ihre «Aufopferung» lassen sie krank werden. Durch solche fehlgeleiteten Gefühle und Zwangsvorstellungen kommt es zu Selbstmitleid und/oder offener Herrschsucht.

Menschen, die diese Bachblüte brauchen, denken, daß die anderen immer im Unrecht sind, und lassen die anderen das auch spüren. Wenn «Chicory-Kinder» nicht laufend Zuwendung erhalten, flüchten sie sich in ihre/eine Krankheit.

Mental-programm

«Ich werde um meiner selbst willen geliebt.»
«Ich liebe gesunde Distanz.»
«Ich gebe uneigennützig.»

Erprobte Anwendungen von Chicory im Alltag

- bei «Helfersyndrom», «Opfersyndrom», «Märtyrersyndrom»
- bei Depressionen aufgrund von Selbstmitleid
- bei Undank der Umwelt
- bei Hypochondern, die durch ihre Krankheit und Bedürftigkeit andere Menschen an sich binden wollen
- bei Flucht in Krankheit
- Chicory hilft, die erwachsenen Kinder aus dem Hause gehen zu lassen
- für Kinder, die am Rockzipfel der Mutter hängen
- bei Stauungen in den Beinen
- bei Zysten an den Ovarien
- bei Verstopfung (Darmträgheit)
- nach Verlust des Partners oder eines Kindes
- bei krankhafter Kontrollsucht

- bei Rückfall in kindliches Verhalten
- bei Angst vor dem Alleinsein
- bei Hilflosigkeit und Pflegebedürftigkeit im Alter
- bei Steifheit und Schmerzen in den Fingergelenken
- bei Druck durch asthmatische Anfälle
- bei Verlustängsten und Festhalten- und Besitzenwollen
- bei dem Gefühl, ungewollt zu sein
- bei der Aufarbeitung einer lieblosen Kindheit
- wenn man sich immer zum Schenken verpflichtet fühlt
- bei Trauer aufgrund von Liebesverlust
- bei Erpressung durch Eßverhalten
- bei grundlosem Weinen
- bei der besitzergreifenden Art von Zuneigung und Liebe
- für Kinder, die nicht alleine spielen wollen

Originaltext Dr. Bach

«Für Menschen, die sehr auf die Bedürfnisse anderer achten, dazu neigen, sich übertrieben um Kinder, Verwandte oder Freunde zu sorgen, und immer irgend etwas zu finden, was zurecht gerückt werden muß. Ständig korrigieren sie etwas, was sie als falsch erachten und haben Freude daran. Sie wünschen, daß jene, um die sie sich kümmern, um sie herum sind.»

9. Clematis – Waldrebe
Gruppe 3, Mangelndes Gegenwartsinteresse

Kurzbeschreibung
Der Blick dieser Menschen ist verträumt oder wirkt verschlafen; diese Menschen fühlen sich in der Vergangenheit oder in der Zukunft wohler als im Hier und Jetzt. Ihre Gedanken scheinen aus großer, unbekannter Ferne zu kommen und gehen wieder in weite, unsichtbare Sphären. Diese Menschen sind Romantiker, sie sind sehr phantasievoll, sie hoffen immer auf eine bessere Zukunft.

Aus der oft rauhen und unschönen Welt der irdischen Wirklichkeit entfliehen sie gern in schöne Erinnerungen oder träumerische Visionen. Das kann soweit gehen, daß sie nicht nur Desinteresse an der Gegenwart zeigen, sondern die Selbstdisziplin aufgeben. Aufgrund ihrer teils apathischen Haltung entwickeln sie ein erhöhtes Schlafbedürfnis.

Diese Menschen neigen dazu, sich von der Gesellschaft zurückzuziehen und sich in ihre eigene Welt einzuspinnen. Da sie ein starkes Verlangen nach Einheit und Verschmelzung haben, klammern sie sich manchmal an einen Menschen und wollen ihn/sie nie mehr loslassen.

Sie stoßen oft an Gegenstände an, weil sie ein wenig ausgebildetes Körpergefühl haben. Sie brauchen viel Schlaf; sie sind anfällig für Ohnmachten.

Mental-programm

«Ich stehe in der Realität.»
«Ich habe Selbstdisziplin.»
«Ich lebe in der Welt.»

Erprobte Anwendungen von Clematis im Alltag
- bei Flucht aus dem Körper, z.B. bei Ohnmachtsneigungen

- beim Gefühl, abzuheben
- bei Tendenz, sich an Gegenständen anzustoßen
- bei Leeregefühl (vor allem im Kopf) und schlechtem Gedächtnis
- bei Durchblutungsstörungen in den Gliedmaßen
- bei schwacher Vitalität und Blutarmut
- bei blasser Gesichtsfarbe
- bei kalten Händen und Füßen
- bei Schlafsucht
- bei regelmäßigem Versäumen von Terminen und Pflichten
- bei verschleiertem Blick, wenn man sich wie benommen fühlt
- für Kinder, die den Zeitbegriff beim Spiel verlieren
- für Kinder, die Luftschlösser bauen
- für Leseratten und Langschläfer
- bei Sehnsucht nach dem Tode
- bei Weigerung, in der Gegenwart zu leben
- bei Schwelgen in Erinnerungen
- bei Heimweh
- bei langweiliger Berufstätigkeit

Originaltext Dr. Bach

«Für Menschen, die träumerisch oder schläfrig sind und kein großes Interesse am Leben besitzen. Es sind stille Menschen, die in ihren gegenwärtigen Umständen nicht wirklich glücklich sind und die mehr in der Zukunft als in der Gegenwart leben – in der Hoffnung auf glücklichere Zeiten, wenn ihre Ideale Wirklichkeit werden mögen.

Bei Krankheiten unternehmen manche dieser Menschen wenig oder keinerlei Anstrengung, gesund zu werden, und sehnen sich in gewissen Fällen sogar nach dem Tod, wiederum in der Hoffnung auf bessere Zeiten oder in der Erwartung, ‹drüben› einen lieben verstorbenen Menschen zu treffen.»

10. Crab Apple – Holzapfel
Gruppe 6, Mutlosigkeit

Kurzbeschreibung
Dieser Typus legt großen Wert auf innere und äußere Sauberkeit (Frauen sind musterhafte Hausfrauen, bis zur Pedanterie). Diese Menschen haben ein starkes Bedürfnis, auszuscheiden – zum Beispiel durch extrem häufige Saunagänge oder strenge Fastenkuren. Auch dreimaliges Duschen am Tag gehört zu diesem Persönlichkeitsbild.

Sie versuchen, um jeden Preis zu vermeiden, eine fremde Toilette zu benutzen. Sie lehnen Medikamente ab, deren Wirkungsweise und Nebenwirkungen sie nicht genau kennen, und vermeiden intuitiv verdorbene Speisen. Sie setzen sich gern für die Umwelt ein, weil sie die Umweltverschmutzung als eine große und ernste Gefahr für das Leben betrachten.

Bei den geringsten Störungen ihres Wohlbefindens reagieren sie leicht entmutigt. Sie entwickeln hohe Moralvorstellungen, an die sie sich auch selbst halten, bis zum Fanatismus.

Mentalprogramm

«Ich nehme mich an.»
«Ich ruhe in mir selbst.»
«Ich bin offen für den Alltag.»

Erprobte Anwendungen von Crab Apple im Alltag
- bei Ekel vor Fußschweiß, Hautpilz oder Warzen
- bei genereller Abneigung vor Insekten
- bei Abscheu bzw. Angst vor Ansteckung durch Bakterien, Viren, Insektenstiche oder Schmutz

- bei Ekel vor Sexualität
- bei Abscheu vor dem Stillen oder dem Küssen
- bei krankhaftem Waschzwang
- bei Allergien und Hautkrankheiten
- bei Schleimhauterkankungen wie Bronchitis, Aphten im Mund, auch bei offenen Hämorrhoiden
- als Unterstützung bei Fasten- oder Ausscheidungskuren
- bei Bindehautentzündungen
- bei Entzündungen aller Art
- bei Verletzungen und Schleimhautreizungen aller Art
- bei Blasenentzündung
- bei Vergiftungen durch Drogen wie z.B. durch Nikotin
- bei Lebensmittelvergiftungen
- bei Infekten
- zur Prophylaxe der Abwehr
- zur Ausleitung von Antibiotika
- bei Schmerzen und zur nervlichen Beruhigung
- bei chronischem Schnupfen (Rhinitis)
- für Musterschüler, die unbedingt die besten sein wollen
- bei dem Gefühl, häßlich zu sein
- für traumatische Gefühle bei der ersten Periode (gemischt mit Rescue Remedy)

Originaltext Dr. Bach

«Das ist das Reinigungs- und Entgiftungsmittel. Es ist für jene Menschen, die spüren, daß sie etwas Unreines an oder in sich haben.

Oft ist das Unreine etwas scheinbar Unwichtiges; in anderen Fällen mag es sich um eine ernsthafte Krankheit handeln, die fast übersehen wird, weil man sich auf anderes konzentriert.

Beide Charaktere sind ängstlich darum bemüht, sich von jener speziellen Sache zu befreien, die ihr Gemüt am stärksten in Anspruch nimmt und die ihrer Meinung nach auf jeden Fall geheilt werden muß. Sie neigen zur Verzweiflung, wenn eine Behandlung versagt.

Als Reinigungsmittel kann dieses Mittel auch Wunden reinigen, falls der Patient Anlaß hat zu glauben, daß irgendein Gift in seinen Körper eingedrungen ist, das entfernt werden muß.»

11. Elm – Ulme
Gruppe 6, Mutlosigkeit

Kurzbeschreibung
Menschen, die Elm brauchen, fühlen sich überfordert von großen, verantwortungsvollen Aufgaben im Leben, obwohl sie häufig bereits auf entsprechenden Positionen zu finden sind. Sie sind oft überdurchschnittlich begabt und intuitiv.

Für sie ist es wichtig zu lernen, ihre Lebensaufgaben voller Freude anzunehmen. Sie sollten ihr Selbstvertrauen stärken und dadurch neue Zuversicht gewinnen, auch anspruchvollste Herausforderungen bestehen zu können, ohne mutlos und verzweifelt und damit auch lieblos und weniger engagiert zu werden.

Sie müssen auch lernen zu erkennen, wie groß ihre eigene Verantwortung wirklich ist, und ab wann oder auf welchem Gebiet sie Verantwortung loslassen bzw. abgeben müssen – an andere Menschen oder an Gott.

Mentalprogramm

«Ich vertraue mir selbst.»
«Ich schaffe es voller Freude.»
«Ich baue auf Gott.»

Erprobte Anwendungen von Elm im Alltag

- bei subjektiver Überforderung und entsprechender nervlicher Überlastung
- bei Muskel- und Gelenkbeschwerden (auch beim «Tennisarm» und bei Überbeanspruchung von Sehnen und Gelenken, wie beim Computerschreiben)
- bei Rücken-, Schulter und Nackenschmerzen
- bei Herzklopfen nervöser Art
- bei Fehleinschätzung bestimmter Situationen und damit verbundenem Streß
- bei Kreislaufbeschwerden mit einhergehenden Herzrasen
- bei Nervosität bis zum Nervenzusammenbruch
- bei Konzentrationsstörungen
- bei «black outs» in Prüfungen trotz guter Vorbereitung
- wenn man sich bei einem Wettkampf wie gelähmt vor dem Gegner fühlt
- für Hochleistungssportler bei Mangel an Kampfbereitschaft
- bei einem panikartigen Zustand durch eine Streßsituation
- wenn man das Gefühl hat, eine Verantwortung nicht alleine tragen zu können
- bei hormonellen Störungen

Gut bewährt hat sich Elm als Zusatz in das Badewasser bei Verspannungen (5 Tropfen in die Badewanne).

Elm ist auch ein bewährtes Blütenheilmittel in der sogenannten Midlife-Crisis, also der Krise in der Mitte des Lebens, wenn die Aufgabe lautet, sich neu zu orientieren.

Originaltext Dr. Bach

«Für jene, die gute Arbeit leisten, ihrer Berufung treu folgen und hoffen, etwas Wichtiges zu vollbringen, das dem Wohl der Menschheit dient. Sie können aber bisweilen Zeiten der Niedergeschlagenheit erfahren, in denen sie meinen, daß die angestrebte Aufgabe zu schwierig und nicht mit menschlichen Kräften zu bewältigen sei.»

12. Gentian – Bitterer Enzian
Gruppe 2, Unsicherheit

Kurzbeschreibung
Dieser Menschentypus ist skeptisch veranlagt. Menschen dieses Typs zweifeln an vielem, lassen sich leicht entmutigen und sind schnell deprimiert.

Es fehlt ihnen an echtem Selbstvertrauen, sie neigen deshalb dazu, niedergeschlagen und kleinmütig zu sein.

Sie kennen ihre eigenen Grenzen und zweifeln deshalb in zahlreichen Situationen daran, daß sie einer Herausforderung auch wirklich gerecht werden könnten.

Es mangelt ihnen an Ausdauer, sie geben schneller auf als andere Menschen. Bei Krankheiten oder schwierigen Lebensaufgaben erleiden sie Rückschläge (zum Beispiel bei Schulprüfungen oder in Therapien), weil sie die Meinung pflegen, etwas nicht zu schaffen.

Sie sprechen gern viel und stellen viele Fragen. Sie wollen gar nicht unbedingt, daß es ihnen besser geht, weil sie sich an negativen Aspekten stark festhalten.

Im Grunde genommen fehlt es ihnen an Gottvertrauen.

Mentalprogramm

«Ich bin risikofreudig.»
«Ich lebe meine Chancen.»
«Ich glaube an die Schöpferkraft.»

Erprobte Anwendungen von Gentian im Alltag

- bei schmerzhaftem Druckgefühl im Magen- und Darmbereich
- bei Appetitlosigkeit, aber auch bei Heißhunger
- bei melancholischen Anwandlungen
- bei skeptischer Erwartungshaltung
- bei Neigung, schnell zu verzagen
- bei Mangel an Glauben, wenn man kein Gottvertrauen hat
- bei Zweifel an der Wirksamkeit der Blütenmittel, trotz Erfolgen
- bei hormonellen Umstellungen
- bei Depression durch Verluste wie Partner- oder Arbeitsplatzverlust
- bei Depressionen in der Schwangerschaft
- Gentian kräftigt in der Rekonvaleszenz
- bei Versagen in der Schule
- bei Willensschwäche
- für sogenannte Scheidungswaisen, Kinder, die zwischen den Eltern hin- und hergerissen werden

Originaltext Dr. Bach

«Für Menschen, die sich leicht entmutigen lassen. Sie mögen ihre Krankheit rasch überwinden oder gut in ihren Alltagsangelegenheiten vorankommen, aber jede kleine Verzögerung oder ein Hindernis bewirken Zweifel oder beeinträchtigen bald ihr Selbstvertrauen.»

13. Gorse – Stechginster
Gruppe 2, Unsicherheit

Kurzbeschreibung
Solche Menschen leiden unter einer Störung ihrer Lebenskraft, ihrer Vitalität und ihres Lebensmuts. Es mangelt ihnen an ausreichender Vorstellungskraft, sich eine positive Lösung von Problemen vorzustellen, und an der rechten Motivation, eine solche Lösung aktiv anzustreben – sei es in der Partnerschaft oder im Beruf, bei Krankheit oder in anderen Situationen.

Sie haben generell den Glauben an das Leben verloren, beklagen sich jedoch darüber nicht. Sie haben viel im Leben durchgemacht, sehen keine Chance einer grundlegenden Änderung und Besserung und resignieren daher. Schon als Kind haben sie chronische Krankheiten durchlitten oder waren mit Menschen eng zusammen, deren Schicksal ein langes Siechtum war.

Wenn es ihnen schlecht geht, erwarten sie durchaus Hilfe von außen, allerdings ohne über ihr Leid und seine Ursachen mit anderen zu sprechen. Sie lassen die wundervolle Leuchtkraft ihres Wesens von den negativen Erfahrungen verdecken.

Mentalprogramm

«Ich komme aus mir heraus.»
«Ich bin voller Hoffnung.»
«Ich strahle.»

Erprobte Anwendungen von Gorse im Alltag
- bei Müdigkeit
- bei allgemeiner Schwäche (der Gesichtsausdruck wirkt leblos, das Gewebe ist spannungslos und grau, die Augen scheinen müde)

- bei Verkrampfungen
- bei chronischen Erkrankungen
- in therapieresistenten Phasen während einer Krankheit
- bei geistiger Antriebsschwäche
- wenn man Hilfe von außen erwartet
- bei völliger Hoffnungslosigkeit
- zur Unterstützung bei chronischen Krankheiten
- bei fehlender Kraft für einen Neubeginn
- bei Depressionen und Stimmungstiefs
- bei stagnierenden Heilungsprozessen

Originaltext Dr. Bach

«Bei sehr großer Hoffnungslosigkeit; für Menschen, die den Glauben aufgegeben haben, daß ihnen noch geholfen werden kann.

Solche Menschen probieren vielleicht verschiedene Heilmittel und Therapien aus, um andere zufrieden zu stellen oder weil sie dazu gedrängt werden – sie versichern ihrer Umwelt aber bereits gleichzeitig, daß sehr wenig Aussicht auf Besserung besteht.»

14. Heather – Heidekraut

Gruppe 4, Einsamkeit

Kurzbeschreibung

Diese Menschen brauchen andere Personen zur Gesellschaft, als Spiegel ihres eigenen Lebens, um sich selbst überhaupt zu spüren – in der Reflektion über den Mitmenschen.

Sie sind sehr ichbezogen, brauchen «Publikum» und reißen Gespräche gern an sich, um über sich selbst zu sprechen. Auf diese Weise versuchen diese Menschen aus ihrem Gefühl der Einsamkeit herauszukommen. Ihre Sätze beginnen sie oft mit

«Ich...», und sie verbreiten eine Aura des «Veni, vidi, vici» – «Ich kam, sah und siegte» um sich – auch dies wiederum als Verkleidung ihrer Furcht vor innerer Einsamkeit.

Sie stammen oft aus einem Elternhaus, in dem Gefühle klein geschrieben wurden und der Austausch von Herz zu Herz zu kurz kam. Deshalb haben sie sich ein Verhalten angewöhnt, daß ein Schrei nach Beachtung darstellt und ihnen menschliche Zuwendung sichern soll.

Man will nicht (zu)hören und verschließt sich gern, unter Umständen sogar die Sinnesorgane. Man möchte in diesem Leben nicht mehr viel hinzulernen.

Mental-programm

«Ich kann zuhören.»
«Ich bin selbstverantwortlich.»
«Ich kann geben und nehmen.»

Erprobte Anwendungen von Heather im Alltag

- bei Einsamkeit
- bei zwanghaftem Redefluß
- bei kleinkindartigen Versuchen, auf sich aufmerksam zu machen
- bei Beschwerden durch zeitweilige Isolierung (zum Beispiel bei Aufenthalten an einsamen oder unangenehmen Orten)
- für Kinder, die immer im Mittelpunkt stehen wollen
- für Kinder, die beschäftigte Eltern stören
- für Kinder, die bettnässen und einkoten
- für Schnullerkinder
- bei Hörschäden bis zur Taubheit
- bei zu starker Ichbezogenheit, wenn man sehr wenig oder kein Interesse für andere Menschen hat
- für übertrieben eitle Jugendliche

«Für Menschen, die immer die Gesellschaft anderer suchen – wer auch immer gerade zur Verfügung stehen mag –, weil sie es als notwendig ansehen, ihre eigenen Angelegenheiten mit anderen Personen zu besprechen.

Sie sind sehr unglücklich, wenn sie auch nur kurze Zeit allein sein müssen.»

Originaltext Dr. Bach

15. Holly – Stechpalme
Gruppe 5, Überempfindlichkeit

Kurzbeschreibung

Menschen des Holly-Typus brauchen viel Liebe. Ihr Herz ist verhärtet bzw. verschlossen. Sie leiden unter Rachegefühlen oder Eifersucht und anderen negativen Gemütszuständen (Schadenfreude, Verbitterung usw.), deren emotionale Energie sich zwar zunächst einmal nach außen richtet und dementsprechend leidvoll von den Menschen in ihrer Umgebung erfahren wird, die sich aber letztlich auf und gegen sie selbst richtet.

Ihr Energiestau geht auf tiefe, alte emotionale Verletzungen zurück. Ihr Zorn kann bis zu unkontrollierten, aggressiven Wutausbrüchen führen. Sie suchen Verantwortung und «Schuld» für ihr Leid nicht bei sich selbst, sondern bei anderen Menschen.

«Mein Herz ist offen.»
«Ich vergebe und vergesse.»
«Ich habe Vertrauen.»

Mentalprogramm

Erprobte Anwendungen von Holly im Alltag

- bei Neigung zu Gefühlsstaus (auch bei Angst vor der Liebe)
- bei blockierter Leberenergie und daraus resultierenden Beschwerden (z.B. Schilddrüsenprobleme, Augenbeschwerden wie Sehstörungen, Kopfdruck)
- bei Anfällen von Jähzorn, auch bei Eifersucht, Haß und Neid
- bei Liebeskummer und Herzeleid
- bei allen Formen von Herzstichen, Herzkrämpfen und Herzschmerzen
- bei allergischen Schockreaktionen
- bei Haßliebe und bösartigen Reaktionen
- wenn man glaubt, nicht vergeben zu können
- bei Rivalität unter Freunden und Kindern
- bei Aggressionen, die nicht abgebaut werden können
- bei Launenhaftigkeit und Trotzphasen
- wenn man auf fanatische Art und Weise seinen Weg gehen will
- beim Gefühl, von Gott getrennt zu sein
- für das Endstadium unheilbarer Erkrankungen

Holly stärkt die Geschwisterliebe bei Neid und Eifersucht. Holly ist die Bachblüte, die hilft, Herzensbeziehungen auf eine neue Basis zu stellen und so mit Beziehungsproblemen besser umzugehen.

Originaltext Dr. Bach

«Für Menschen, die bisweilen von negativen Gedanken wie Eifersucht, Neid, Rachsucht und Mißtrauen befallen werden; für die verschiedenen Formen von Ärger und Irritationen. Sie leiden viel, obwohl sie keinen tatsächlichen Grund dazu haben.»

16. Honeysuckle – Geißblatt, Jelängerjelieber

Gruppe 3, Mangelndes Gegenwartsinteresse

Kurzbeschreibung

Stellen Sie sich vor, wie einige ältere Damen auf einem gemütlichen Plüschsofa bei Kaffee und Kuchen sitzen und von den guten, alten Zeiten schwärmen: Sie halten lieber an der Vergangenheit fest, als sich auf das Neue der Gegenwart einzustellen. Sie haben große Sehnsucht nach der Wiederholung früherer Genüsse.

Das führt zu einer Gemütszerstreuung bis hin zur Bewußtseinsspaltung, und so können diese Menschen nur einen kleinen Teil ihres geistigen Potentials verwirklichen.

Über den Verlust eines geliebten Menschen kommen sie nur ganz schwer hinweg. Sie leiden unter Heimweh, vor allem bei «Honeysuckle-Kindern» kann man das häufig feststellen.

Mentalprogramm

«Ich lasse los.»
«Ich lebe jetzt.»
«Ich sehe freudig in die Zukunft.»

Erprobte Anwendungen von Honeysuckle im Alltag

- zur Bewältigung der Vergangenheit (bei Trennungen in Ehe, Familie und unter Freunden; nicht bei Liebeskummer, siehe Holly)
- bei Problemen, mit neuen Herausforderungen klarzukommen, weil man an den schönen Seiten der bisherigen Situation festhält (zum Beispiel Wechsel von zu Hause in den Kindergarten oder

bei der Einschulung, Trennung vom Elternhaus, Heirat, Pensionierung, auch bei Wohnungs- und Berufswechsel)
- wenn man sich nicht von Orten und von Dingen trennen kann
- bei Heimweh und Sehnsucht nach Zuhause
- wenn man Tradition und Sitte allzu sehr behütet und bewahrt
- wenn man vorzugsweise in Erinnerungen schwelgt
- bei dem Gefühl, «früher war alles viel besser»
- Honeysuckle hilft bei schwachen Kindheitserinnerungen
- bei mangelnder Konzentration

Originaltext Dr. Bach

«Für Menschen, die viel in der Vergangenheit leben – vielleicht in einer Zeit großen früheren Glücks, in Erinnerungen an einen verstorbenen Freund oder an Ambitionen, die sich nicht verwirklichen ließen. Sie erwarten kein größeres Glück mehr als das, welches sie bereits erlebt haben.»

17. Hornbeam – Hainbuche
Gruppe 2, Unsicherheit

Kurzbeschreibung
Diese Menschen fühlen sich seelisch ermüdet und wirken kraftlos und geistig träge. Sie kommen morgens schwer in Gang und brauchen aufmunternde Mittel wie Kaffee oder Schwarztee.

Ihre Ermüdung geht auf zu lange und langweilige Routinearbeiten zurück oder auf eine Überforderung durch Studium oder Lesen.

Sie fühlen sich durch ihre subjektive Überlastung frustriert, obwohl sie alle Aufgaben gut schaffen.

Manchmal neigen sie dazu, Dinge liegen zu lassen und auf bessere Zeiten, stärkere Motivation und mehr Kraft zur Erledigung zu hoffen.

Mental-programm

«Ich bin vital.»
«Ich bin wach.»
«Ich bin zufrieden.»

Erprobte Anwendungen von Hornbeam im Alltag

- bei geistig-seelischer Überanstrengung und Ermüdung
- zur Überwindung eines Leistungsknicks (zum Beispiel auch am frühen Nachmittag an einem Arbeitstag)
- bei Augendruck und Augenbrennen (die unteren Augenlider sehen oft schlaff aus und sind leicht grau verfärbt)
- wenn man sich von der täglichen Arbeit total erschöpft fühlt
- bei Flucht in Krankheit
- bei Kreislaufstörungen oder wenn man «nicht in Gang» kommt
- bei Versagensängsten
- bei Übermüdung durch zuviel Fernsehen oder Lesen
- bei fehlender Spannkraft und vorliegender Gewebeschwäche
- bei Abhängigkeit von Stimulantien wie Kaffee, Tee und Alkohol
- bei unerklärlicher Müdigkeit

Hornbeam ist das «Montagmorgen-Mittel», um die Woche und die täglichen Aufgaben mit frischer Kraft anzupacken.

Originaltext
Dr. Bach

«Für Menschen, die meinen, daß es ihnen an ausreichender geistiger oder körperlicher Kraft fehle, um die ihnen aufgebürdete Lebenslast zu tragen. Die Alltagsanforderungen erscheinen ihnen unerfüllbar, obwohl sie im allgemeinen ihre Aufgaben erfolgreich erledigen.

Für jene, die glauben, daß irgend etwas an Verstand, Gemüt oder Körper erst gestärkt werden müsse, bevor sie ihre Arbeit leichter schaffen können.»

18. Impatiens – Drüsentragendes Springkraut

Gruppe 4, Einsamkeit

Kurzbeschreibung

Diese Menschen müssen Geduld lernen. Sie können nur schwer ertragen, daß sich die Dinge nach ihrem eigenen Rhythmus entwickeln. Dadurch ergeben sich unangemessene Reaktionen und übertriebener Energieaufwand sowie Streß. «Das macht mich wahnsinnig», «Der hat den Führerschein in der Lotterie gewonnen» und «Ich mach das besser alleine» sind typische Sätze dieses Bachblüten-Typus.

Durch ihre inneren Tempovorgaben setzen sie sich (und andere) unter Druck, was zu Verspannungen und Verkrampfungen führt. Daraus entstehen «Hals-über-Kopf-Entscheidungen», die sie später womöglich bereuen.

Diese Personen sind leicht reizbar oder begeistert, nervös und impulsiv, rasch im Denken und schnell in ihren Reaktionen. Durch ihre schnellen Reaktionen und ihre Hektik im Alltag laufen sie auch Gefahr, häufiger als andere Unfälle zu erleiden.

Es sind intelligente Menschen, die effizient arbeiten und andere auch gern zur Arbeit antreiben.

«Ich habe Zeit.»
«Ich bin ausgeglichen.»
«Ich bin sanftmütig.»

Mental-programm

Erprobte Anwendungen von Impatiens im Alltag

- bei inneren Spannungszuständen
- bei plötzlichen Spannungsschmerzen und Krämpfen
- bei nervösen Ticks
- bei Nervosität, Unruhe und Ungeduld
- für «Zappelphilipps» jeden Alters
- bei häufiger Unachtsamkeit
- wenn bestimmte Gedanken immer wiederkehren und man sie nicht «abschalten» kann
- bei kurzfristiger Gefährdung durch übermäßig anstrengende Projekte
- bei Hautausschlägen, Hautjucken und Hautpilz
- bei Blasenentzündung
- gegen die Folgen eines Geburtstraumas
- bei Wutausbrüchen, die schnell vergehen
- wenn man keine Kritik verträgt
- wenn man bei nervlicher Anspannung nicht einschlafen kann
- bei Schweißausbrüchen mit Herzrasen
- bei Schilddrüsenüberfunktion
- bei Überaktivität und Bluthochdruck

Menschen, die Impatiens brauchen, haben die Neigung, schnell zu essen, und sind insgesamt sehr flink und geschickt, erwarten dies jedoch auch von den anderen und können durch mangelnde Geduld öfters «ausrasten» oder am Steuer den Finger zeigen.

Originaltext
Dr. Bach

«Für jene, die schnell in Gedanke, Wort und Tat sind und möchten, daß alles ohne Zögern oder Verzögerung geschieht. Bei Krankheit warten sie ungeduldig auf rasche Genesung. Sie empfinden es als schwierig, Geduld für langsame Menschen aufzubringen, weil sie Langsamkeit als falsch und Zeitverschwendung betrachten; daher werden sie sich bemühen, solche Menschen in jeder Hinsicht rascher zu machen. Oft ziehen sie es vor, allein zu arbeiten, damit sie alles in ihrem eigenen Tempo erledigen können.»

19. Larch – Lärche
Gruppe 6, Mutlosigkeit

Kurzbeschreibung
Diese Menschen fühlen sich minderwertig im Vergleich zu anderen und haben Angst zu versagen. Das geht soweit, daß sie Denkmuster für ihr Unterbewußtsein entwickeln, die Fehlschläge «vorprogrammieren». Diese erleben sie zum Beispiel als Prüfungsängste und daraus folgende Unsicherheit und mangelnden «Wagemut», die Aufgaben anzugehen und zu lösen.

Andere Menschen werden oftmals höher eingeschätzt als man selbst – und damit meist falsch eingeschätzt.

Durch diese Bachblüte werden wir an unsere Lebensaufgaben erinnert und erhalten die Kraft, sie voller Selbstverantwortung anzupacken. Wir begreifen, daß jeder Mensch bestimmte Talente und den gleichen Wert besitzt.

Sie sind vom Leben im wahrsten Sinne des Wortes gebeugt und leiden oft an chronischen Wirbelsäulenbeschwerden.

Mental-
programm

«Ich vertraue mir.»
«Ich bin kreativ.»
«Ich entfalte meine Persönlichkeit.»

Erprobte Anwendungen von Larch im Alltag

- bei Mangel an Selbstvertrauen und Minderwertigkeitskomplexen
- bei zwanghaften Vorstellungen, daß sich Mißerfolge einstellen
- bei Osteoporose und Wirbelsäulenbeschwerden
- bei Bechterewscher- und Scheuermannscher Erkrankung
- für die moralische Wiederaufrichtung
- bei übergroßem Respekt vor Autoritäten und Amtspersonen
- bei Erröten und Stottern
- bei Furcht vor ungewollten Situationen
- für Süchtige mit Minderwertigkeitskomplexen
- wenn man eine Krankheit als Vorwand zur Passivität benutzt
- wenn man sich zu Telefongesprächen mit unbekannten Personen sehr überwinden muß
- bei mangelnder Risikobereitschaft
- wenn man andere Menschen für besser hält als sich selbst
- bei Schulschwierigkeiten
- für die Schüchternen und die Zaghaften

Larch hilft besonders bei Schmerzattacken im Lendenbereich oder bei Magenschmerzen, indem man einige Tropfen Larch auf ein feuchtes Umschlagtuch gibt und Wärme anwendet (Wärmeflasche oder Wolltuch).

Larch ist das «Prüfungsmittel» bei Schul- und Examensängsten.

Originaltext
Dr. Bach

«Für solche, die sich für nicht so gut und tüchtig halten, wie die Menschen ihrer Umgebung; die ständig erwarten zu versagen und meinen, daß sie niemals erfolgreich sein werden.

Diese Menschen wagen nichts und machen auch keine wirklich kraftvollen Anstrengungen, um Erfolg zu haben.»

20. Mimulus – Gefleckte Gauklerblume

Gruppe 1, Angst

Kurzbeschreibung

Menschen, die Mimulus brauchen, leiden unter großen Ängsten: von der Existenzangst über die Angst vor Krankheiten wie Krebs bis zur Todesangst, aber auch Angst vor Unfall, Armut, Schmerzen, Dunkelheit oder grellem Licht, Lärm, Kälte. Ihre Ängste wirken hypnotisierend auf sie: Sie fühlen sich in ihrer Vitalität ernsthaft geschwächt.

Sie sprechen selten über ihre Ängste mit anderen, und dann auch nur, wenn sie zum Gesprächspartner großes Vertrauen haben. Sie sind schreckhaft und schnell entmutigt. Sie sind nicht gern allein und in Gesellschaft trotzdem schüchtern oder nervös.

Diese Menschen fühlen sich durch die Gegenwart und den Austausch mit anderen leicht ausgelaugt. In Konfliktsituationen flüchten sie gern in eine Krankheit. In der Genesungsphase sind sie übervorsichtig.

Mental-
programm

«Ich bin sicher.»
«Ich stelle mich dem Leben.»
«Ich kann.»

Erprobte Anwendungen von Mimulus im Alltag

- bei konkreten, lähmenden Ängsten
- bei Überempfindlichkeit in bezug auf Krankheiten (zum Beispiel, wenn ein kleiner Schnupfen den Menschen schon ganz aus der Bahn wirft)
- bei nervöser Schüchternheit
- bei Lampenfieber, auch bei der Angst, vor größeren Menschengruppen zu sprechen
- bei Verlust der Arbeit
- bei Schreckhaftigkeit
- bei Ängstlichkeit durch mangelndes Selbstvertrauen
- bei Phobien der verschiedensten Art
- bei nervösem Kichern
- bei Angst vor Tieren
- bei Überempfindlichkeit auf Lärm und Licht
- bei Angst vor Schmerzen, Spritzen oder dem Zahnarzt
- bei Allergien
- für Kinder, die sich sehr an den Rockzipfel der Mutter hängen
- für Kinder, die nicht gerne alleine einschlafen wollen
- für Neugeborene, die ohne Grund mit Weinen erwachen

Originaltext Dr. Bach

«Bei Furcht vor weltlichen Dingen und Angelegenheiten wie Krankheit, Schmerzen, Unfällen, Armut, Dunkelheit, Einsamkeit, Unglück, d.h. bei den sogenannten Alltagsängsten.

Für Menschen, die ihre Ängste still und heimlich mit sich herumschleppen und darüber nicht frei zu anderen sprechen.»

21. Mustard – Ackersenf, Hederich, Wilder Senf

Gruppe 3, Mangelndes Gegenwartsinteresse

Kurzbeschreibung

Diese Bachblüte brauchen Menschen, die von plötzlich hereinbrechenden Perioden tiefer Melancholie heimgesucht werden. Ihr Schwermut kann bis zum Weltschmerz gehen.

Diese Personen fühlen sich vom normalen Leben ausgeschlossen – die Gegenwart wird kaum wahrgenommen.

Diese traurige Stimmung können sie auch mit dem besten Willen nicht überspielen, auch Vernunftsargumente helfen bei dieser Problematik nicht. Sie erkennen keinen logischen Zusammenhang zwischen diesem Zustand und ihrem sonstigen Leben. Den täglichen Pflichten können diese Menschen kaum oder nur unter großer Anstrengung nachkommen.

Diese melancholischen Phasen können sich als Zeiten der Wandlung von Persönlichkeitsmustern und der tiefgreifenden seelischen Metamorphose erweisen. Solche Stimmungsschwankungen können auch einen Schrei der Seele nach einer notwendigen Veränderung und spirituellen Entwicklung bedeuten.

Solche Menschen ziehen sich meist zurück und versuchen, das Problem lieber ganz allein zu bewältigen.

Mentalprogramm

«Ich bin fröhlich und leicht.»
«Ich fühle das Licht in mir.»
«Ich habe Elan.»

Erprobte Anwendungen von Mustard im Alltag

- bei melancholischen Simmungen, die ohne konkreten Anlaß wie aus heiterem Himmel zu kommen scheinen
- bei Antriebsschwäche und Appetitlosigkeit
- bei Gleichgültigkeit bis hin zur Hoffnungslosigkeit
- bei Depressionen in der Pubertät und in der Mitte des Lebens
- wenn man sich überwältigt fühlt
- bei Mangel an Lebensfreude
- bei Schwermut während einer Hormonumstellung
- bei Kreislaufschwäche
- bei Infektanfälligkeit
- bei prämenstruellem Syndrom
- bei Traurigkeit durch fehlendes oder zuwenig Sonnenlicht
- bei Leberstörungen und Gallenstau

Da diese Stimmungsschwankung bei Patienten, die Mustard brauchen, meistens von einer Leber-/Gallenstörung herkommt, kann ein feuchter Umschlag mit einigen Tropfen Mustard oder eine direkte Einreibung auf die Leberzone wahre Wunder wirken – «die innere Sonne» geht auf.

Originaltext Dr. Bach

«Für Menschen, die zeitweise schwermütigen Anwandlungen oder gar Verzweiflungsstimmungen erliegen, als ob eine kalte, dunkle Wolke sie überschattet und Licht und Lebensfreude verbirgt. Für solche Anfälle mag es keinen Grund und keine Erklärung geben.

Unter solchen Bedingungen ist es fast unmöglich, sich glücklich oder heiter zu fühlen und das auch seinen Mitmenschen zu vermitteln.»

22. Oak – Eiche

Gruppe 6, Mutlosigkeit

Kurzbeschreibung

Dieser Menschentypus muß seine ureigenste Lebensart finden und davon loslassen, sich in seinem Leben allzu sehr nach den Erwartungen der Umwelt zu richten.

Bei dieser Bachblüte geht es darum, daß wir nicht mehr gegen Schwächen ankämpfen, daß wir nicht mehr versuchen, mit aller Macht das Ungenügende oder Negative zu beseitigen oder zu überwinden, sondern daß wir endlich lernen, loszulassen. Andere Menschen bewundern zwar vielleicht die «Kämpfernatur» und die Strenge dieser Menschen gegen sich selbst, doch schafft die Übertreibung dieser Bemühungen nur Leid.

Man möchte gern alles immer besser machen als die anderen und wird so unerbittlich gegen sich selbst. Ein überspanntes Pflichtgefühl führt zur Überanstrengung in Lebensweise und Arbeitsstil. Wir sollen hier also lernen, das Leben spielerischer zu nehmen und uns selbst gegenüber auch nachsichtiger zu werden.

Mentalprogramm

«Ich finde meine eigene Art.»
«Ich darf genießen.»
«Ich fließe ganz weich.»

Erprobte Anwendungen von Oak im Alltag

- beim Gefühl, völlig erschöpft und ausgelaugt zu sein und trotzdem weiter eine hohe Leistung erbringen zu müssen
- beim Gefühl, absolut unentbehrlich zu sein
- bei Verzagtheit oder Entmutigung, weil der

härteste Einsatz und die besten Bemühungen nicht auszureichen scheinen
- wenn man nicht «abschalten» kann
- bei erhöhtem Blutdruck
- bei Anspannung im Kieferbereich
- bei Zähneknirschen in der Nacht
- bei rheumatischen Beschwerden in den Gelenken
- bei Versteifung der Gelenke
- bei erhöhtem Cholesterinspiegel
- bei Verspannungen im Schulter- und Nackenbereich
- wenn man die Krankheit nicht akzeptieren kann
- für Frauen, die ewig kämpfen wollen
- bei Unwohlsein am Wochenende

Oak hat sich auch sehr gut bei Menschen bewährt, die sich nicht beeinflussen lassen, vor allem jedoch auch für Frauen, die sich übereifrig für eine Sache einsetzen. Sie wollen immer und überall kämpfen, sei es auf der energetischen oder der physischen Ebene.

Originaltext Dr. Bach

«Für diejenigen, die sich anstrengen und sehr darum kämpfen, gesund zu werden; die sich im Alltag sehr anstrengen und kämpfen und eines nach dem anderen versuchen, obwohl ihr Fall hoffnungslos erscheinen mag. Sie fahren trotzdem fort zu kämpfen und sind mit sich selbst unzufrieden, wenn sie durch Krankheit in ihren Pflichten oder bei der Hilfe für andere behindert werden.

Es handelt sich um tapfere Menschen, die gegen große Schwierigkeiten ankämpfen, ohne die Hoffnung zu verlieren oder in ihren Bemühungen nachzulassen.»

23. Olive – Olive
Gruppe 3, Mangelndes Gegenwartsinteresse

Kurzbeschreibung

Hier geht es um Menschen, die an völliger Erschöpfung auf allen Ebenen leiden, die körperlich, geistig und seelisch «ausgebrannt» sind und keinerlei Reserven mehr haben.

Sie sind durch große Sorgen, langwierige und schwere Krankheiten, anhaltenden Kummer oder aufopfernde Pflege von anderen Patienten total geschwächt und spüren, daß sie jetzt nicht mehr weitermachen können. Sie wirken blaß, ausdruckslos und apathisch, auch antriebslos und reden mit sehr leiser Stimme. Sie haben den starken Wunsch, viel zu schlafen.

Diese Menschen sollten lernen, «nein» zu sagen, ihre Kräfte besser einzuteilen (auch wenn sie sich dann vielleicht weniger aufopfern) und sich besser abzugrenzen.

Mental-programm

«Ich erkenne meine Grenzen.»
«Meine Energie fließt.»
«Ich bin leistungsfähig.»

Erprobte Anwendungen von Olive im Alltag

- nach langen, kräftezehrenden Krankheitsphasen
- nach rasch aufeinander folgenden Geburten
- bei Schlaflosigkeit durch Erschöpfung
- allgemein zur Rekonvaleszenz
- bei umfassender und tiefgreifender Erschöpfung
- bei erhöhtem Schlafbedürfnis
- bei plötzlichem Haarausfall

- bei körperlicher Minderfunktion
- bei Neigung zu Herzschwäche und Anämie
- bei extremem Wechsel zwischen totaler Erschöpfung und Leistung
- bei schwieriger Geburt mit Kräfteaufwand

Olive hat sich sehr in der Mischung mit Hornbeam in der Phase nach langen Krankheiten oder extremem Einsatz mit Kraftaufwand bewährt. Diese Mischung wird dreimal täglich in die Nierengegend und fünf Fingerbreit unter dem Bauchnabel eingerieben.

Olive ist sozusagen die «Kur-Blüte» par excellence.

Originaltext Dr. Bach

«Für Menschen, die geistig oder körperlich viel gelitten haben und so erschöpft und überfordert sind, daß sie meinen, keine Kraft mehr zu besitzen, um irgendeine weitere Bemühung zu unternehmen. Das Leben ist für sie freudlose, harte Arbeit.»

24. Pine – Föhre, schottische Kiefer
Gruppe 6, Mutlosigkeit

Kurzbeschreibung
Menschen, die Pine brauchen, werden von Schuldgefühlen gequält und belasten sich durch Selbstvorwürfe. Sie haben fast permanent ein schlechtes Gewissen, oft ohne zu wissen, warum und wofür, und obwohl sie sogar gänzlich unbeteiligt sein können.

Tadel nehmen sie sich sehr zu Herzen und machen ihn gewichtiger, als er meistens gemeint war. Lob nehmen sie dagegen gar nicht für sich selbst wirklich an, sondern meinen, daß es anderen Menschen eher zustünde und sie es nicht verdient hätten.

Dieser Typus hat einen stark ausgeprägten Ordnungssinn. Sexualität wird gern als «Sünde» betrachtet, damit geht ein übertriebenes Schamgefühl einher.

Bei der Bachblüte Pine handelt es sich auch um die Auseinandersetzung mit Schuldgefühlen, zum Beispiel bei Ablösungsprozessen wie dem Auszug aus dem Elternhaus.

Mentalprogramm

«Ich achte mich.»
«Ich sprenge meine Fesseln.»
«Ich bin frei.»

Erprobte Anwendungen von Pine im Alltag

- bei Mutlosigkeit aufgrund von Schuldgefühlen
- bei Verspannungen durch Übergenauigkeit
- bei Selbstvorwürfen
- bei einem ewig schlechten Gewissen
- bei stark ausgeprägtem Ordnungssinn
- bei sexuellen Problemen, die moralisch bedingt sind
- bei hohen Erwartungen an sich selbst
- wenn man keine Geschenke annimmt und meint, man hätte das nicht verdient
- bei Redewendungen wie «hätte ich doch...» oder «wäre ich doch...»
- für Kinder, die unerwünscht waren
- bei Kindern, die Angst vor Bestrafung haben oder der «Sündenbock» der Klasse sind
- für Eltern von chronisch kranken oder behinderten Kindern
- für berufstätige Eltern, die sich gegenüber den Kindern schuldig fühlen

Die Bachblüte Pine gibt unserem Herzen Kraft und Klarheit.

Originaltext Dr. Bach

«Für Menschen, die die Schuld immer bei sich selbst suchen, die selbst im Erfolg denken, daß sie noch besser hätten sein können, und die mit ihren Bemühungen oder den Ergebnissen nie zufrieden sind.

Solche Menschen arbeiten hart und leiden viel unter Fehlern, welche sie sich selbst zuschreiben. Wenn manchmal ein Fehler passiert, der eindeutig von einem anderen verursacht wurde, übernehmen sie sogar dafür noch die Verantwortung.»

25. Red Chestnut – Rote Kastanie

Gruppe 1, Angst

Kurzbeschreibung

Menschen, welche diese Bachblüte brauchen, leiden unter extremen Ängsten um die Kinder, Familienmitglieder oder andere nahestehende Personen. Manchmal sehen sie Probleme voraus, befürchten dann aber das Schlimmste und stellen sich ein zukünftiges Unheil vor. Bei kleineren Unpäßlichkeiten malen sie sich ernsthafte Krankheiten aus, die ihnen vermeintlich unmittelbar und unabwendbar bevorstünden.

Sie zerbrechen sich oft den Kopf um andere Menschen und deren Herausforderungen, als ginge es um ihr eigenes Leben. Dahinter stecken nicht etwa nur echtes Mitgefühl, sondern auch eine falsche Fürsorge oder ein starkes Bedürfnis, andere zu beschützen, sowie die starke Neigung zur Bevormundung und zur Kontrolle über anderer Menschen Lebensweise und Verhalten.

Mental-
programm

«Ich habe Vertrauen.»
«Ich handle für mich.»
«Gott führt mich.»

Erprobte Anwendungen von Red Chestnut im Alltag

- bei übertriebener Angst und Sorge um andere
- bei negativen Erwartungshaltungen
- bei schlimmen Vorahnungen
- bei leidvoller Verhaftung an die eigene Familie
- für Menschen in sozialen Berufen
- bei inneren Anspannungen
- bei Unruhezuständen und resultierender Schlaflosigkeit
- für erziehende Erwachsene, die ihre Kinder ständig beobachten und behüten
- wenn man sich ein Unheil vorstellt, z.B. einen Unfall, wenn jemand zu spät nach Hause kommt
- gegen Überängstlichkeit während der Schwangerschaft

Red Chestnut hat sich in der Praxis gut bewährt bei Ablösungsprozessen zwischen Mutter und Kind in den verschiedenen Entwicklungsphasen.

Originaltext
Dr. Bach

«Für Menschen, die es schwierig finden, sich um andere Menschen keine Sorgen zu machen.

Oft haben sie aufgehört, sich um sich selbst Sorgen zu machen, aber sie leiden viel um jene Menschen, denen sie zugeneigt sind, und sehen für diese Menschen oft unglückliche Ereignisse voraus.»

26. Rock Rose – (Gelbes) (Gemeines) Sonnenröschen
Gruppe 1, Angst

Kurzbeschreibung
Der Rock-Rose-Zustand besteht, wenn ein Mensch panikartige Angst hat, sein Nervenkostüm «verrückt spielt». Sie können wie von Sinnen sein, zum Beispiel nach einem Unfall oder einem anderen Schock. Sie hören und sehen fast nichts mehr, sie haben das Gefühl, daß ihr Herz stehenbleibt.

Es handelt sich häufig um Menschen, die aus labilen Familien stammen, in denen der Umgang miteinander von Druck und Angst bestimmt war.

Es fällt ihnen schwer, einen klaren Gedanken zu fassen. Der Rock-Rose-Typus kann sich kaum mit mehr als einer Sache zu einer Zeit beschäftigen, sonst gerät er in Panik. Manche werden auch von Todesgedanken gequält oder denken an Selbstmord.

Mental-programm

«Ich lebe gern.»
«Ich bin tapfer.»
«Ich denke klar.»

Erprobte Anwendungen von Rock Rose im Alltag
- bei Orientierungslosigkeit bis hin zu Ohnmachtsneigungen
- bei deutlichem Erröten oder Blaßwerden als plötzliche Reaktion auf einen körperlichen, seelischen oder geistigen Schock
- bei Schweißausbrüchen und Kniezittern als Reaktion auf Schockerlebnisse
- bei Stottern und Sprachversagen als Reaktion auf Schock

- bei Angst, gelähmt zu werden (zum Beispiel, wenn eine Situation im Verkehr brenzlig und unfallträchtig wird)
- bei Alpträumen und Aufschreien im Schlaf (auch bei Kleinkindern)
- bei Therapieblockaden
- für ehemalige Drogenabhängige in der Entwöhnungs- und Genesungsphase
- nach Unfällen und Katastrophen
- für die Beteiligten nach einem Unfall
- bei Asthmaanfällen
- bei starker Sonneneinwirkung oder Hitzschlag
- bei plötzlichen Erkrankungen zur Unterstützung für Patient und Familienangehörige
- bei Herzrasen mit Atemnot
- bei Herzinfarkt und Schlaganfall
- bei Haarausfall nach traumatischen Ereignissen
- bei plötzlichen Seh- und Hörstörungen sowie Lähmungserscheinungen nach Schock
- als Nachbehandlungen für Mutter und Kind
- gegen erlebten Schock in der Schwangerschaft (sollte über mehrere Monate eingenommen werden)

Rock Rose ist die «Panik-Blüte».

Originaltext Dr. Bach

«Das Notfallmittel für Fälle, bei denen es keine Hoffnung mehr zu geben scheint; bei Unfällen oder plötzlicher Krankheit; wenn der Patient sich sehr fürchtet oder unter Schock steht; wenn der Zustand des Patienten so ernst ist, daß dies bei den Umstehenden große Angst auslöst. Wenn der Patient ohne Bewußtsein ist, kann man seine Lippen mit dem Mittel benetzen. Andere Mittel können zusätzlich notwendig werden; bei einer tiefschlafähnlichen Bewußtlosigkeit Clematis (9), bei qualvollem Leiden Agrimony (1); usw.»

27. Rock Water – Quellwasser
Gruppe 7, Überfürsorge

Kurzbeschreibung
Diese Menschen verfolgen hohe Idealvorstellungen und haben starre, festgefahrene Ansichten, zum Beispiel über Religion, Moral, Ernährung und allgemeine Lebensweise.

Sie gestehen sich ihre Körperlichkeit nicht ein und gönnen sich kaum irgendwelche leiblichen Freuden; eine strenge Selbstdisziplin und Askese gelten ihnen viel. Bei Leistungssportlern kann dies bis zur Selbstaufgabe gehen, aber auch innerhalb der Esoterik gibt es Fanatiker, die zum Beispiel nur noch ihre Übungen pflegen wollen.

Extremer Ehrgeiz und elitärer Stolz darauf, sich selbst viel abzuverlangen und dadurch etwas Besonderes zu sein, tragen zur Wesensart dieses Typus entscheidend bei. Solche Menschen neigen dazu, Dogmen hochzuhalten und in Theorien zu leben, ohne eine ganzheitliche individuelle Verwirklichung auf der irdischen Ebene.

Mentalprogramm

«Ich bin nachsichtig.»
«Ich schwimme im Fluß des Lebens.»
«Ich bin spontan.»

Erprobte Anwendungen von Rock Water im Alltag
- beim Hang dazu, andere zu kritisieren
- bei Neigung zu absoluten Überzeugungen
- bei Nachwirkungen von strengen Erziehungsmaßnahmen (wie «Abhärten» durch kalte Duschen usw.)

- wenn man sich an religiöse Gruppen klammert
- bei dogmatischer Disziplin bis hin zur Selbstaufgabe, z.B bei Hochleistungssportlern
- für Diätfanatiker und Prinzipienreiter
- bei extremen Moralvorstellungen
- bei Gelenksteifigkeit, rheumatischen Schmerzen
- bei Nierensteinen
- bei streßbedingten Schmerzen durch Verspannung der Rückenmuskulatur
- bei unregelmäßigem Menstruationszyklus
- bei zu starkem Festhalten an Regeln, Ritualen und Prinzipien

Rock Water ist die «Weichmacher-Blüte», die Toleranz und Anpassung fördert.

Originaltext Dr. Bach

«Für Menschen, die in ihrer Lebensführung sehr strikt sind; die sich viele Freuden und Genüsse des Lebens versagen, weil sie meinen, daß diese ihre Arbeit stören könnten. Sie sind sich selbst strenge Meister. Sie möchten gesund, stark und attraktiv sein und werden alles tun, was ihnen dabei Hilfe verspricht. Sie hoffen, ein Beispiel für andere zu sein, die ihren Ideen folgen und daran wachsen sollen.»

28. Scleranthus – Einjähriger Knäuel
Gruppe 2, Unsicherheit

Kurzbeschreibung
Diese Menschen haben einen Mangel an Unterscheidungs- und Entscheidungskraft. Darunter geht ihnen ihr inneres Gleichgewicht verloren. Sie schwanken zwischen «himmelhochjauchzend» und «zu Tode betrübt». Damit «drücken» sie sich vor ihrer Verant-

wortung und wirken (oder sind) vielleicht auch unzuverlässig. Im Gespräch wechseln sie gern das Thema und wirken fahrig und unkonzentriert.

Bei Problemen suchen sie lieber selbst nach Lösungen, als andere Menschen um Rat und Hilfe zu bitten. Sie verlassen sich mehr auf den Intellekt, weniger auf ihre Intuition und die innere Stimme.

Mentalprogramm

«Ich bin entschlossen.»
«Ich werde geführt.»
«Ich entscheide richtig.»

Erprobte Anwendungen von Scleranthus im Alltag

- zum Ausgleich von Extremen aller Art (zwischen Heißhunger und Appetitlosigkeit zum Beispiel, zwischen angenehmen und garstigen Gemütszuständen, zwischen antriebsloser Apathie und energischer Aktivität, zwischen zu großer Nachgiebigkeit und übermäßiger Härte, usw.)
- bei wandernden Symptomen und Schmerzen im Körper
- bei Wankelmut und Entscheidungsschwäche
- bei Allergien und Hauterkrankungen
- bei Reiseübelkeit
- bei Schwangerschaftsabbruch
- bei klimatischer Veränderung und plötzlichem Temperaturwechsel
- wenn man keine Sache zu Ende bringen kann
- bei Energieverlust durch Wankelmut
- bei Schwindel und Gleichgewichtsstörungen
- bei Beschwerden in den Wechseljahren
- bei Menstruationsbeschwerden (Mischung mit Star of Bethlehem gegen Stauungen und Schmerzen)

Originaltext
Dr. Bach

«Für jene, die sehr darunter leiden, sich zwischen zwei Dingen nicht entscheiden zu können.

Üblicherweise handelt es sich um stille Menschen, die ihr Problem alleine tragen und es nicht mit anderen besprechen mögen.»

29. Star of Bethlehem – Goldiger Milchstern

Gruppe 6, Mutlosigkeit

Kurzbeschreibung

Für diese Menschen geht es um vergessene oder verdrängte Schockerlebnisse, ganz gleich, wie weit sie zurückliegen; es handelt sich also auch um frühkindliche Schockerfahrungen. Daraus resultieren Freudlosigkeit und Apathie.

Diese Schocks können physisch oder psychisch sein. Die daraus folgenden Beschwerden oder Leiden zeigen sich in Form von Energiestaus oder Energieleere.

Den Betroffenen fällt es sehr schwer, das Schockerlebnis zu verkraften und zu verarbeiten. Neue, kleinere Schocks greifen ihr Nervensystem mehr als üblich an, sie fühlen sich nervlich überstrapaziert und geraten schnell aus der Fassung.

Sie spüren auch bei Kleinigkeiten ein Entsetzen. Die Unverfrorenheit mancher Menschen kann ihnen unter bestimmten Umständen sogar glatt die Sprache verschlagen.

Mental-
programm

«Ich löse auf.»
«Ich verzeihe.»
«Gott tröstet mich.»

Erprobte Anwendungen von Star of Bethlehem im Alltag

- bei psychosomatisch bedingter Sinusitis, Bronchitis, Asthma bronchiale
- bei Verfärbung der Nasenflügel
- bei durch Schockerlebnisse belegter oder sonst gestörter Stimme bzw. Sprache
- zur Rückerinnerung und Aufarbeitung von traumatischen Erlebnissen
- zur Wiederherstellung der ursprünglichen Harmonie zwischen Körper, Geist und Seele
- bei allen Schockerlebnissen und ihren Folgen
- Star of Bethlehem hilft, den Menschen zu verzeihen, die am Schockerlebnis beteiligt waren
- bei wiederkehrenden Gedanken an einen Verlust oder eine Enttäuschung
- bei der Aufarbeitung einer unerwünschten Schwangerschaft
- wenn man keinen Trost annehmen kann
- bei Drogenmißbrauch
- für Schockfolgeerkrankungen wie Neurosen, Hysterie, Herzerkrankungen, sexuelle Störungen, Alpträume
- gut bewährt gegen Schock für Angehörige von Schwerkranken (mit Rock Rose innerlich, äußerlich zwei Tropfen Star of Bethlehem und zwei Tropfen Rock Rose auf ein feuchtes kleines Tuch geben und zur Beruhigung auf die Stirn legen).

Originaltext Dr. Bach

«Für Menschen, die stark unter Umständen leiden, wodurch sie zeitweise sehr unglücklich werden. Dazu gehören Schock durch traurige Nachrichten, der Verlust eines lieben Menschen, die Angst nach einem Unfall usw.

Jenen, die vorübergehend ablehnen, Trost zu empfangen, bringt dieses Mittel Linderung.»

30. Sweet Chestnut – Edelkastanie
Gruppe 6, Mutlosigkeit

Kurzbeschreibung
Menschen dieses Bachblüten-Typs sind total verzweifelt und fühlen bzw. befinden sich wie in einem extremen seelischen Ausnahmezustand. Sie haben alle Hoffnung auf Besserung der Situation aufgegeben. Sie leiden unter einem inneren Schmerz, der Freude oder Glücksgefühle nicht mehr zuläßt. Sie können auch nicht mehr weinen oder beten.

Sie sehen sich in einer ausweglosen Lage, in der aus keiner Richtung irgendeine Hilfe zu erwarten ist. Menschen in diesem Zustand empfinden sich wie in einer «Nacht der Seele».

Hier ist eine Schwelle im Lebensweg erreicht, an der sich der Mensch überlegen sollte, ob er nicht um spirituelle Führung durch einen Heiligen bittet, der mit der allmächtigen, barmherzigen und erlösenden Gotteskraft verbunden ist und ihm die göttliche Gnade zufließen lassen kann.

Mental-
programm

«Ich baue auf Gott.»
«Ich leuchte.»
«Ich finde Sinn.»

Erprobte Anwendungen von Sweet Chestnut im Alltag
- bei tiefer seelischer Trauer (auch bei Abschied oder Todesfällen lieber Menschen)
- als Hilfe, in einer ausweglos erscheinenden Situation durch Bewußtwerdung und einen höheren geistigen Standpunkt neue Chancen der Lösung zu finden
- bei Nervenzusammenbruch

- bei Seelenqualen
- bei völliger Appetitlosigkeit
- beim Gefühl, den Verstand zu verlieren
- bei dem Gefühl, von Gott getrennt zu sein
- bei dem Gefühl der Einsamkeit
- wenn man die Hoffnung aufgegeben hat, keinen Ausweg mehr sieht (was im Gegensatz zu Gorse nicht nach außen gezeigt wird)

Sweet Chestnut bringt uns zur Sinnfrage des Lebens und weckt die Lichtkräfte des Menschen.

Originaltext Dr. Bach

«Für Augenblicke, wenn die Verzweiflung unerträglich scheint; wenn Geist und Gemüt spüren, daß man bis zur äußersten Grenze der Belastbarkeit gegangen ist und jetzt daran zu zerbrechen droht; wenn es so aussieht, als ob man nichts als Zerstörung und Vernichtung zu erwarten hat.»

31. Vervain – Eisenkraut
Gruppe 7, Überfürsorge

Kurzbeschreibung
Hier handelt es sich um übereifrige Menschen, die sich mit Begeisterung mitten in die Dinge oder Arbeiten stürzen und andere gern mitreißen. Wenn sie nicht «ankommen», sind sie enttäuscht und niedergeschlagen.

Sie haben einen ausgeprägten Gerechtigkeitssinn. Sie übertreiben gern und werden dann womöglich missionarisch oder fanatisch. Sie würden andere Menschen gern zu ihrem Glück «zwingen», wenn diese nicht freiwillig ihre festen Ansichten darüber, was gut ist und was nicht, zu teilen bereit sind.

Sie treiben Raubbau mit ihren Kräften und ihrer Gesundheit. Sie wollen mehr als hundert Prozent geben, sind dadurch leicht überbeansprucht und reagieren deshalb schnell gereizt und nervös – vor allem, wenn ihnen etwas gegen den Strich geht. Sie wirken bisweilen wie die ständigen Besserwisser.

Mental-programm

«Viele Wege führen zum Ziel.»
«Ich entspanne mich.»
«Ich bin offen für Neues.»

Erprobte Anwendungen von Vervain im Alltag

- bei Hyperaktivität (auch von Kindern)
- bei Schilddrüsenproblemen (vor allem bei einer zu starken Schilddrüsenaktivität)
- bei starker innerer Anspannung und Unruhe
- wenn man den Menschen seine eigene Ansicht aufdrängen möchte
- bei Perfektionismus
- bei Spannungskopfschmerzen und Verspannung im Schulter-Nackenbereich
- bei Schlaflosigkeit durch innere Anspannung
- bei wiederkehrenden Ischiasbeschwerden, Neuralgien und Bandscheiben- und Hüftproblemen
- bei funktionellen Störungen durch Dauerstreß
- bei nervösen Zuckungen und Ticks
- für Menschen nervöser Natur, die schnell sprechen und essen
- bei Mißachtung der Grenzen der eigen Belastbarkeit
- für übermäßig begeisterte Kinder (die tausend Ideen im Kopf haben)
- bei missionarischer Aufdringlichkeit

Originaltext Dr. Bach

«Für Menschen mit festen Prinzipien und fixen Ideen, die sie für richtig halten und selten ändern. Sie hegen den großen Wunsch, ihre ganze Umgebung zu ihren Lebensanschauungen zu bekehren. Sie sind willensstark und legen viel Mut an den Tag, wenn sie von denjenigen Dingen, die sie anderen vermitteln wollen, überzeugt sind. Bei Krankheit arbeiten sie auch dann weiter, wenn andere ihre Pflichten längst aufgegeben haben.»

32. Vine – Weinrebe
Gruppe 7, Überfürsorge

Kurzbeschreibung
Menschen, welche diese Blüte brauchen, fallen oft durch ihr «Macho-Verhalten» auf, also durch eine energische bis rücksichtslose Art, sich in Szene zu setzen und ihren Weg zu machen. Sie sind machthungrig und wirken wie kleine, leicht größenwahnsinnige Tyrannen.

Rechthaberei zählt zu diesem Gemütszustand, und diese Personen geben auf die Meinung anderer Menschen wenig und übergehen sie. Es sind «Führernaturen», denen es jedoch an Einfühlungsvermögen und Mitgefühl mangelt. Das kann soweit gehen, daß sie hart werden, mitleidslos und sogar grausam. Dabei sind sie tüchtig, begabt und selbstsicher.

Die Bachblüte Vine hilft, mehr Menschlichkeit zu entwickeln.

Mentalprogramm

«Ich fühle mich ein.»
«Ich bin menschlich.»
«Ich diene.»

Erprobte Anwendungen von Vine im Alltag

- bei Neigung zu Kampf und Streitlust
- als Ausgleich bei Machthunger
- bei allgemeiner Herrschsucht und Tendenz zum Größenwahn
- bei extremen inneren Anspannungen und großen Schmerzen
- bei extremem Ehrgeiz
- bei Autoaggressionserkrankungen (selbstzerstörerisches Verhalten)
- gegen krebsartiges Geschehen, speziell die metastasierende Verschleppung des Geschehens in entfernte Stellen im Organismus
- bei Blutdruckstörungen
- bei Leberstauungen
- bei degenerativen Gelenkserkrankungen
- bei absoluter Humorlosigkeit und zwanghaftem Denken
- für Menschen, die sogar ihren Therapeuten die Maßnahmen der Behandlung vorschreiben wollen
- Vine stärkt bei Künstlern die Selbstdisziplin und den Willen
- gegen sadistische oder masochistische Züge, auch bei Kindern (Gewalt untereinander)

Originaltext Dr. Bach

«Für sehr tüchtige Menschen, die sich ihrer Fähigkeiten sicher sind und auf ihren Erfolg vertrauen. Aufgrund dieser Selbstsicherheit denken sie, daß es zum Besten ihrer Mitmenschen wäre, wenn diese sich von derselben Lebensart überzeugen ließen, wie sie sie haben oder für richtig halten. Selbst bei Krankheit werden sie ihren Pflegern Anweisungen geben. Diese Menschen können in Notfällen sehr wichtig und hilfreich sein.»

33. Walnut – Walnuß
Gruppe 5, Überempfindlichkeit

Kurzbeschreibung
Diesen Menschen fehlt eine klare und zuverlässige Zielvorstellung über ihren Lebensweg. Sie haben Schwierigkeiten, sich selbst treu zu bleiben. Sie lassen sich in ihren Ansichten verunsichern und können sich bei anstehenden Entscheidungen nicht von den Ansichten ihnen wichtiger Bezugspersonen freimachen.

Die Bachblüte Walnut ist auch besonders dann angezeigt, wenn eine Entscheidung bereits gefallen ist und nun Kraft, Zuversicht und Freude fehlen, diese Entscheidung auch konstruktiv umzusetzen (zum Beispiel Umzug oder Berufswechsel).

Walnut hilft, Endphasen von Krankheiten gut durchzustehen. Es verleiht einen energetischen Schutz – vor feinstofflichen Einflüssen oder äußeren Angriffen wie Beleidigungen.

Mentalprogramm

«Ich schaffe den Durchbruch.»
«Ich bin geschützt.»
«Ich habe Kraft.»

Erprobte Anwendungen von Walnut im Alltag
- bei Umbruchsituationen (Schulbeginn, Ablösungsprozesse wie Heirat, Umzug, Berufswechsel, Pensionierung)
- zur Unterstützung bei der Raucherentwöhnung und Gewichtsabnahme
- gegen Unpäßlichkeit bei Föhn und Wetterwechsel
- bei Jet-Lag (Zeitumstellung durch Überseeflüge)
- Walnut hilft bei wichtigen Entscheidungen, sie in die Tat umzusetzen

- für Wachstumsphasen (Zahnen der Kinder, Pubertät)
- bei Lebensumstellungen (Geburt, Klimakterium)
- für einen harmonischen Übergang in die nächste Ebene (auch Tod)
- als Schutz gegen negative Energien (je 5 Tropfen Walnut und Centaury in 30 ml Quellwasser mischen und einen kleinen Amethyst in die Flasche geben und dann bei extremer Belastung fünfmal 5 Tropfen täglich einnehmen)

Originaltext Dr. Bach

«Für diejenigen, die feste Ideale und Ambitionen im Leben verfolgen und meistens auch erreichen, aber bei seltenen Gelegenheiten durch Begeisterung, Überzeugungskraft oder kraftvoll vertretene Ansichten anderer in Versuchung geführt werden, von ihren eigenen Ideen, Zielen und Arbeiten abzukommen. Dieses Mittel bietet Beständigkeit und Schutz vor äußeren Einflüssen.»

34. Water Violet – Sumpfwasserfeder
Gruppe 4, Einsamkeit

Kurzbeschreibung
Solche Menschen wirken wie von einer stolzen Reserviertheit durchdrungen, die auf andere einen herablassenden Eindruck macht. Sie treten überlegen und unnahbar auf, dabei still und lautlos.

Es sind kultivierte Menschen, die – auch wenn es sich um einen Mann handelt – ihre weiblichen, einfühlsamen und weichen Seiten zeigen. Sie bewegen sich wie hinter einer selbst errichteten schützenden

Fassade. Damit tarnen sie ihre innere Unsicherheit.

Sie grenzen sich gern ab, hegen eine gewisse Geringschätzung gegenüber anderen Menschen, die nicht so «gebildet» oder «sensibel» oder «entwickelt» sind wie sie selbst, und wirken daher leicht arrogant.

Mentalprogramm

«Ich liebe den Austausch.»
«Ich stehe auf festem Grund.»
«Ich lebe demütig.»

Erprobte Anwendungen von Water Violet im Alltag

- bei rheumatischen Beschwerden (Knie, Nacken und Rücken)
- beim Gefühl, isoliert zu sein
- bei Problemen, den eigenen Stolz zu überwinden
- wenn man sich als etwas Besseres fühlt
- bei Distanzierung gegenüber Menschen oder Situationen, die man als unerwünschte Annäherung empfindet
- für harmonischere Gespräche und den Umgang mit anderen
- wenn man sich auf die Seite gestellt fühlt und darunter leidet
- wenn man keinerlei Einmischung von außen möchte
- bei innerer Anspannung, die zur Unbeweglichkeit führt
- bei Verstopfung (Darmträgheit)
- wenn man nicht weinen kann («das schickt sich nicht»)
- bei Abgrenzungsreaktionen über die Haut (Ekzeme)

- zur Unterstützung bei Kontakt- und Vorstellungsgesprächen wird eine Mischung von Agrimony, Water Violet und Larch empfohlen

Originaltext Dr. Bach

«Für Menschen, die – ob gesund oder krank – allein sein wollen; die sehr still sind, sich lautlos bewegen, wenig und sanft sprechen; die unabhängig, tüchtig und selbstbewußt und fast völlig frei von der Meinung anderer sind.

Solche Menschen stehen über den Dingen, lassen andere in Ruhe und gehen ihre eigenen Wege; oft sind sie klug und talentiert. Ihre Ruhe und ihr innerer Frieden können ein Segen für die Umwelt sein.»

35. White Chestnut – Weiße Kastanie
Gruppe 3, Mangelndes Gegenwartsinteresse

Kurzbeschreibung
Menschen, die White Chestnut brauchen, müssen erst noch lernen, den inneren Schalter zu finden und zu betätigen, um Bilder, Gedanken und Gefühle, die sich ihnen unwillkürlich aufdrängen, abzustellen. Ein anderes Bild für ihren seelisch-mentalen Zustand ist eine Schallplatte, die läuft und sich dreht, aber immer wieder die gleiche Musik spielt, weil der Tonarm hängt.

Da sie immer wieder die gleichen Probleme wälzen, werden sie unkonzentriert und merken zum Beispiel nicht, wenn sie angesprochen werden. Die kreisenden Gedanken, die sie quälen, führen zu mentalen Anspannungen und zur Kopflastigkeit. Sie fühlen sich wie in einem geistigen Teufelskreis gefangen.

Mental-
programm

«Mein Kopf ist frei und klar.»
«Ich lebe aus dem Bauch.»
«Ich bin locker.»

Erprobte Anwendungen von White Chestnut im Alltag

- bei quälenden Gedanken, die zum Beispiel am Einschlafen hindern
- bei Spannungskopfschmerz
- bei Nägelkauen (oder anderen nervösen Ticks)
- bei Zähneknirschen in der Nacht
- bei Konzentrationsmangel in der Schule und in der Arbeit
- bei chronischer Müdigkeit
- bei Schlaflosigkeit durch Sorgen
- bei mentaler Überaktivität
- für Menschen die nicht bemerken, daß sie angesprochen werden
- bei inneren Dialogen und Grübeleien wie z.B. «dazu gibt es keine Lösung»

Menschen, zu denen diese Bachblüte gehört, kann man generell sehr ans Herz legen, daß sie zu meditieren lernen, um sich mit einer höheren geistigen Kraft zu verbinden, die ihnen Einsichten vermitteln kann, die über den logisch-verknüpfenden Verstand hinausreichen.

Originaltext
Dr. Bach

«Für jene, die nicht verhindern können, daß unerwünschte Gedanken, Ideen und Streitigkeiten ihr Gemüt besetzen. Das tritt normalerweise auf, wenn das Augenblicksinteresse nicht stark genug ist, um ihr Gemüt zu fesseln und zu erfüllen.

Bei Gedanken, die ständig Sorgen verursachen und auch dann wieder auftauchen, wenn man sie zeitweise verworfen hat. Sie scheinen laufend um einen zu kreisen und verursachen geistige Qualen.

Die Gegenwart solcher unerfreulicher Gedanken stört den Gemütsfrieden und behindert die Fähigkeit, sich auf die Arbeit oder die Freude des Tages zu konzentrieren.»

36. Wild Oat – Waldtrespe, Hafergras, Wilder Hafer

Gruppe 2, Unsicherheit

Kurzbeschreibung

Das sind Menschen, die ihre Lebensaufgabe (noch) nicht gefunden haben, die Unzufriedenen, die ewig Suchenden. Es sind Personen mit vielseitigen Talenten, die zahlreiche unterschiedliche Dinge ausprobieren. Sie finden jedoch nur schwer dauerhafte Befriedigung und springen deshalb weiter umher.

Es besteht ein Mangel an Konsequenz, Willenskraft und Einsicht, daß kein Mensch alles ausführen und ausleben kann und man sich deshalb zumindest eine überschaubare Zeitlang durchaus entscheiden und auch festlegen muß, um wirklich etwas Bleibendes zu erfahren und zu schaffen.

Sie schieben gern Dinge hinaus, die erledigt werden sollten, und werden so leicht unzufrieden. Ihrem Leben fehlt es an echten Höhen und Tiefen, aus denen sie Lehren ziehen.

Die innere Sehnsucht und Leere wird durch äußere Dinge wie extravagante Kleidung, schicke Autos oder anderes kompensiert. Doch oft werden nach

Erfüllung solcher Wünsche Frustration und Depression nur noch größer.

Mental-
programm

«Ich entscheide mich.»
«Ich nehme wahr.»
«Ich bin konsequent.»

Erprobte Anwendungen von Wild Oat im Alltag

- bei Mangel an Konsequenz
- bei Unsicherheit in Entscheidungen über Schule, Beruf oder Wohnort
- man möchte etwas Wichtiges leisten, weiß aber nicht, was
- bei Stimmungstiefs in der Lebensmitte und in den Wechseljahren
- wenn man ständig eine innere Leere durch Arbeit, Vergnügungen und Konsum kompensiert
- in der «midlife crisis», bei pubertärem Verhalten nach unerfüllten Wünschen
- für Kinder, die zu viel essen
- bei unklaren Krankheitssymptomen wie Magen- und Darmstörungen ohne erkennbare Ursache
- wenn man sich selbst aufgegeben hat
- bei Unzufriedenheit mit der gegebenen Situation in der Mischung mit Holly als Katalysator, wenn am Beginn einer Behandlung viele Mittel angezeigt sind

Wild Oat hilft, Entscheidungen zu treffen, und eignet sich deshalb auch hervorragend dazu, unter den 38 Bachblüten die richtige(n) auszuwählen.

Originaltext
Dr. Bach

«Für Menschen, welche den Ehrgeiz haben, etwas Herausragendes im Leben zu vollbringen; die viel erleben und alles ihnen Erreichbare genießen wollen; die das Leben ausschöpfen wollen.

Ihre Unsicherheit bzw. Schwierigkeit besteht darin, sich über ihre berufliche Tätigkeit nicht klar zu werden, denn trotz starker Neigungen spüren sie keine eindeutige Berufung. Das kann zu Verzögerungen und Unzufriedenheiten führen.»

37. Wild Rose – Heckenrose, Zaunrose

Gruppe 3, Mangelndes Gegenwartsinteresse

Kurzbeschreibung

Die Teilnahmslosigkeit der Menschen dieses Bachblüten-Typs geht auf einen Mangel an Lebensfreude zurück. Sie haben – ohne vernünftigen Grund – gegenüber allem, was geschieht, innerlich kapituliert. Sie treiben resigniert durch das Leben und fügen sich ergeben in ihr vermeintlich fremdbestimmtes Schicksal. Sie müssen also eine neue Motivation finden, um sich dem Leben wieder aktiv und ganz zu widmen.

Oft stehen diese Menschen im falschen Beruf oder befinden sich in einer unglücklichen Ehe. Sie sind ihres früheren Lebenskampfes müde und haben sich sang- und klanglos ergeben. In der Arbeit fühlen sie sich oft lustlos, haben nicht das Gefühl, etwas Wertvolles zu schaffen, und fühlen sich vor allem unnütz. In der Ehe macht sich das als ein «Nebeneinander-Herleben» bemerkbar, wobei man sich nichts mehr zu sagen hat.

Es fehlt an Eigeninitiative und Selbständigkeit. Kreativität und Spontaneität sowie Lebendigkeit sind auf Eis gelegt.

Mental-programm

«Ich handle.»
«Es geht voran.»
«Ich erlebe Neues.»

Erprobte Anwendungen von Wild Rose im Alltag

- bei nachlassendem Lebenswillen
- bei erlöschender Lebenskraft und fehlender Eigeninitiative
- bei großer ständiger Müdigkeit, Lustlosigkeit und Appetitlosigkeit
- bei chronischer Langeweile
- bei Leistungsabfall aufgrund von Resignation
- bei blasser Gesichtsfarbe
- wenn man sich in sein Schicksal fügt, zum Beispiel in einen falschen Beruf oder eine unglückliche Ehe
- bei Selbstmitleid
- wenn man kein Vertrauen in die Behandlung hat, bei Resignation aufgrund von Umweltverschmutzung
- bei Blutarmut und Eisenmangel
- bei Hypotonie (niedrigem Blutdruck) und Kreislaufschwäche
- bei schwacher Stimme, die ohne Ausdruck ist
- für schlechte Esser
- wenn man die Pflege an sich selbst vernachlässigt
- gegen das Gefühl, einer fremden Macht hilflos ausgeliefert zu sein

Originaltext
Dr. Bach

«Für jene, die sich anscheinend ohne erklärlichen Grund in alles schicken, was passiert; die einfach durch das Leben gleiten und es nehmen, wie es ist, ohne jede Bemühung, etwas zu verbessern und etwas Freude zu finden. Solche Menschen haben sich dem Lebenskampf klaglos übergeben.»

38. Willow – (Gelbe) Weide

Gruppe 6, Mutlosigkeit

Kurzbeschreibung

Menschen, die Willow brauchen, geht es um Vergebung und das Vergessenkönnen. Sie grollen dem Schicksal, weil sie sich im Vergleich zu anderen von zu schwierigen Problemen belastet fühlen. Sie suchen die Verantwortung und Schuld für Ihre Lage nicht bei sich selbst, sondern grundsätzlich in der Umwelt.

Sie fühlen sich ungerecht behandelt. Da sie meist (noch) nicht gelernt haben, dies offen auszusprechen, schlucken sie ihren Ärger hinunter und verkriechen sich in ein Schneckenhaus aus blockierter Energie.

Hilfe von anderen ist für sie eine Selbstverständlichkeit, sie warten direkt darauf. Sie sind gedanklich vergiftet und verderben damit auch Menschen in ihrer Umgebung oft die gute Stimmung. Selbst bei der Genesung geben sie die Besserung nicht gern zu.

Mental-
programm

«Ich trage Eigenverantwortung.»
«Ich meistere mein Schicksal.»
«In mir pulsiert das Leben.»

Erprobte Anwendungen von Willow im Alltag

- bei Autoaggressionserkrankungen, d.h. Beschwerden, die nicht nach außen, sondern nach innen schlagen (zum Beispiel Selbstmitleid oder Arthrose)
- wenn das «Umfeld» oder «die anderen» schuld an der Situation zu sein scheinen
- wenn man nicht vergeben und verzeihen kann
- bei Oberbauchbeschwerden durch unterdrückte Emotionen
- bei Aussprüchen wie «immer ich» oder «wie habe ich das verdient?»
- wenn man nicht zugeben kann, daß sich der Zustand während der Behandlung gebessert hat
- wenn man sich müde und als Opfer des Schicksals fühlt
- wenn das Leben von Neid geprägt ist
- bei Erstarrung und allgemeiner Neigung zur Verhärtung

Originaltext Dr. Bach

«Für die Menschen, die Anfeindungen oder Schicksalsschläge erleiden und diese schwer ohne Klagen und Verbitterung annehmen können, da sie das Leben hauptsächlich danach beurteilen, welche Erfolge es mit sich bringt. Sie finden, daß sie diese schweren Prüfungen nicht verdient haben, sie fühlen sich ungerecht behandelt und werden dabei verbittert.

Oft sind sie weniger an jenen Dingen des Lebens interessiert, an denen sie früher Freude hatten, und nehmen auch weniger aktiv daran teil.»

Das Notfallmittel («Rescue Remedy»)

Die fünf Bestandteile dieses Blütenmittels sind:
- Cherry Plum: Angst, die Kontrolle über sich zu verlieren
- Clematis: gegen das Geühl, wegzutreten (Bewußtlosigkeit)
- Impatiens: bei mentalem Streß und innerer Verspannung
- Rock Rose: bei Terror- und Panikgefühl
- Star of Bethlehem: gegen Schreck- und Schockzustände

Die Notfalltropfen werden dort eingesetzt, wo es akute Disharmonien gibt:
- bei Streit
- bei unangenehmen Nachrichten
- bei schwerer Erkrankung
- bei starkem Schmerz
- bei Schockerlebnissen
- bei Todesnachrichten
- vor Gerichtsterminen und Zahnarztbesuchen
- vor und nach Operationen und Prüfungen
- vor und nach streßbedingter Arbeit
- bei Akkordarbeit oder Nachtwache
- bei ärztlichem Notdienst

Außerdem für seelische Notfälle wie:
- Angst- und Panikgefühl
- Spannungsgefühle, Streß, Streitigkeiten
- seelische Schmerzen
- Schlaflosigkeit durch Streß oder Horrorfilme
- Auftritt vor einem Publikum
- Geburt/Schwangerschaft

Weiter auch für körperliche Notfälle wie:
- jede offene Wunde, Schnittwunden (blutstillend)
- bei Prellungen und Verletzungen aller Art
- Allergien, Hautunreinheiten, Pickel
- akute Schmerzen

- körperlicher Zusammenbruch
- Verbrennungen (äußerlich und innerlich) – (Haut feucht halten durch kalte Umschläge mit Rescue-Remedy)
- bei Insektenstichen
- vor und nach einer Operation
- bei Narben (verhindert die wilde Hautbildung)
- bei Haarausfall (als Haarwasser einreiben)

Das Notfallmittel hilft auch Kindern bei:
- Schulproblemen, Prüfungsängsten
- Angst oder Furcht jeder Art
- Verhaltensstörungen, Bettnässen
- beim Zahnen der Kinder (äußerlich und innerlich mit zwei Tropfen einreiben)

Sogar Tieren hilft es bei allen körperlichen und seelischen Notfällen.

Und Sie können es auch für Ihre Pflanzen verwenden: Bei Wachstumsstörungen und Ungeziefern jeder Art geben Sie das Notfallmittel in das Gießwasser, bei Schnittblumen in das Blumenwasser.

Dosierung in akuten Fällen:
4 Tropfen in etwas Wasser geben und schluckweise trinken, oder direkt, wenn unterwegs, 1-2 Tropfen pur auf die Zunge, alle 5-10 Minuten wiederholen, bis der schockartige Zustand abklingt.

Bei Bewußtlosen:
Auf Lippen, Schläfen und hinter das Ohr oder das Handgelenk ungefähr 4 Tropfen einreiben.

Umschläge, Wickel und Kompressen äußerlich:
6 Tropfen auf einen halben Liter Wasser.

Wie sich die Bachblüten-Therapie und andere Formen der Energiearbeit ergänzen: Ernährung – Mentalprogramme – Qi-Gong-Atemtherapie

Wenn du weder Freude noch Ärger hast,
ist deine Energie ausgewogen.
Auf die Ereignisse eingehen, je nach den Umständen,
wie der Wind den Wolken folgt.
Der Tiger gebändigt, der Drache gezähmt,
ist der Geist ganz von selbst still.
Der helle Mond im Himmelsblau – fast weißer als weiß.

(Tang Kuang-chen)

Dr. Edward Bach hat ausdrücklich darauf aufmerksam gemacht (auch wenn das manche «offizielle» Vertreter heute nicht mehr wissen wollen), daß die Bachblüten-Therapie mit jeder anderen Therapie gemeinsam anwendbar ist! In einem «Appell an meine Kollegen im ärztlichen Beruf» schreibt er, daß die von ihm gefundenen Heilpflanzen «in Verbindung mit jeder herkömmlichen Behandlungsweise» eingesetzt und «jeder Verordnung hinzugefügt werden können. An anderer Stelle führt Dr. Bach aus, daß es die «Pflicht des Arztes» sein wird, «mit solchen Mitteln zu behandeln, die dem physischen Körper helfen, Stärke zu erlangen, und das Gemüt unterstützen, ruhig zu werden... Solche Heilmittel gibt es in der Natur... Einige wenige dieser Heilmittel sind bekannt, und mehr davon werden gegenwärtig... in verschiedenen Teilen der Welt gesucht und erforscht.» (*Aus Heile dich selbst.*) Daraus ergibt sich, daß es selbstverständlich Sinn macht, die Bachblüten-Therapie mit anderen Naturheilweisen zu verbinden.

Manche Menschen verbinden die Homöopathie mit der Bachblüten-Therapie. Da die Homöopathie in sich so etwas wie ein «geschlossenes System» darstellt, bestehen dagegen unter Homöopathen durchaus auch Vorbehalte. Erfahrungen aus der Praxis haben gezeigt, daß der Einsatz von homöopathischen Mitteln generell durch einen erfahrenen und gut ausgebildeten Spezialisten erfolgen sollte. Der Therapeut sollte bei einer klassischen homöopathischen Behandlung (vor allem bei Einsatz von «Einzelmitteln») vor einer zusätzlichen Bachblüten-Zugabe befragt werden.

Ganz phantastisch ergänzt sich kinesiologische Arbeit mit der Bachblüten-Therapie. Die kinesiologische Testung kann auch über die zwölf Meridiane erfolgen. Sollte ein Meridian einen schwachen Energiefluß zeigen, kann diese Energieleitbahn mit der zugehörigen Bachblüte eingerieben werden, oder man nimmt die entsprechenden Tropfen ein.

Viele unterschiedliche Massageformen (die nur durch erfahrene Therapeuten ausgeführt werden sollten) kann man in bestimmten Phasen durch Bachblüten ergänzen. Während der Reinigungsphase in der Fastenzeit arbeitet man zum Beispiel gern mit einer gezielten Bauchmassage; in dieser Zeit wird die Bachblüte Crab Apple die tiefgreifende Reinigung wirkungsvoll unterstützen.

Auch die Therapie mit den Schüssler'schen Zellsalzen bzw. Mineralsalzen läßt sich mit der Bachblüten-Therapie wunderbar ergänzen. Bei Blutarmut nimmt man zum Beispiel *Ferrum phos.* aus den Mineralsalzen und *Olive* und *Wild Rose* aus den Bachblüten. Bei brüchigen Knochen (Osteoporose) empfiehlt sich *Calcium phos.* von den Schüssler-Salzen zusammen mit *Rock Water* oder *Larch* als Bachblüten. Als Nervenmittel gibt man gern *Kalium phos.* von den Mineralsalzen und die Bachblüte *Impatiens.*

Crataegus, der Weißdorn, dient in der Phytotherapie (Pflanzenheilkunde) zur Stärkung von Herz und Kreislauf. Zur Ergänzung eignet sich gut die Bachblüte *Clematis.*

Wie wir an den wenigen oben genannten Beispielen sehen, kann fast jede Therapieform mit der Bachblüten-Therapie ergänzt werden. Im Sinne von Dr. Bach – «Heile dich selbst!» – kann jeder Laie zu Hause eine Therapie für sich und seine Familie erstellen.

Auf drei Naturheilweisen und deren Verbindung mit der Bachblüten-Therapie möchte ich etwas näher eingehen: Ernährung, Mentalprogramme und Qi-Gong-Atemtherapie.

Bachblüten und Ernährung

In der Bachblüten-Therapie geht es in erster Linie darum, die Bewußtwerdung der Seele zu fördern und aus der Harmonie zwischen Seele und Gott die nötige Kraft zu schöpfen, auch zwischen Seele und Persönlichkeit Harmonie walten zu lassen. Das Ego oder kleine Ich soll durch Seelenharmonie ausgeglichen und gestärkt werden, damit wir aus dem Selbst oder Höheren Selbst leben.

Ernährung spielt dabei eine entscheidende Rolle: «Du bist, was Du ißt!» lautet ein bekannter Spruch. Sind unsere Eßgewohnheiten harmonisch? Sind die Speisen ausgewogen? Beruht ihre Herkunft und Zubereitung auf Bewußtheit, Klarheit, Stärke und Liebe?

Die für alle Menschen günstigste und harmonischste Ernährung ist eine Kost, die aus der reinsten und nahrhaftesten Nahrung besteht, die es überhaupt gibt: Das ist eine Nahrung, die aus echten Lebensmitteln besteht, also aus Mitteln zum Leben. Das sind alle pflanzlichen Nahrungsmittel wie Früchte, Nüsse, Körner, Salate und Gemüse sowie pflanzliche Öle. Auch Milchprodukte wie Milch, Butter, Sahne und Käse zählen zu den wirklichen Lebensmitteln. Alle Nahrungsbestandteile, die wir nur dann in unseren Körper hineingeben können, wenn ein Tier zuvor getötet worden ist, widersprechen dem Gebot der Harmonie und belasten unseren Organismus sowohl physiologisch wie karmisch.

Eine wunderbare generelle Leitlinie zur Ernährung stammt vom Meditationsmeister Kirpal Singh. Sie heißt: «Fülle deinen Bauch zu zwei Vierteln mit reiner vegetarischer Nahrung, zu einem Viertel mit klarem Wasser und laß ein Viertel frei für das Licht und die Liebe Gottes» (siehe auch Buchhinweis «Karma»).

Es ist wenig realistisch, dieses oder jenes Bachblüten-Mittel zu verwenden, sich in den eigenen Lebensgewohnheiten aber ständig selbst zu sabotieren. Ernährung und Bachblüten wirken Hand in Hand. Es ist natürlich wichtig, auch den physischen Körper zu ernähren und zu erhalten. Wenn wir unsere Nahrung als «Medizin aus Licht und Liebe» betrachten, dann finden wir selbst recht schnell heraus, was uns guttut und was nicht.

In der ayurvedischen Medizin, also der altindischen Naturheilkunde, wird dazu eine ganz praktische Einteilung in drei Nahrungsgruppen vorgeschlagen: reine Nahrung, energiegebende Nahrung und abstumpfende Nahrung. Schreiben Sie sich zum Beispiel diese drei Worte auf ein Stück Papier, das Sie in Ihrer Küche aufhängen. Dann werden Sie ganz von selbst immer häufiger daran denken und immer bewußter überlegen, ob das, was Sie gerade essen wollen, für Sie persönlich als rein, energiegebend oder abstumpfend wirken wird.

Gruppe 1, Angst
Menschen, die unter Ängsten leiden, sollten vor allem auf ihren Salzverbrauch achten und eher recht sparsam salzen.

Bringen Sie Ihre Energie in Schwung, «lüften» Sie sich ordentlich durch – durch Sport und Bewegung an frischer Luft und Sonne.

Gruppe 2, Unsicherheit
Sie sollten Ihr Selbstvertrauen physiologisch und psychosomatisch stärken durch entsprechende Lebensmittel, zum Beispiel aktivierende Nahrungsmittel wie rote Bete, rote Paprika, Kirschen, Erdbeeren, Radieschen und so fort. Auch Bitterstoffe sind für Sie wichtig, zum Beispiel Chicorée-Salat, Enzian und Artischocken. Unter den Zubereitungsarten ist das krustige Anschmoren oder Rösten gut geeignet.

Gruppe 3, Mangelndes Gegenwartsinteresse
Solche Menschen sollten ihre Mitte stärken und mehr «Erdbindung» anstreben. In der Ernährung helfen dabei Kartoffeln, Karotten, Kürbisse, Mais. Für sie ist auch empfehlenswert, Speisen leicht anzurösten, um deren «Erdqualität» zu verstärken.

Gruppe 4, Einsamkeit
Für diese Menschen ist eine abwechslungsreiche Ernährung wichtig, die alle Sinne auf harmonische Weise anspricht und wirklich Freude bereitet. Gönnen Sie sich Ihre Lieblingsspeisen! Laden Sie mindestens zweimal in der Woche Menschen zu sich ein, zum Tee oder zum Essen, das Sie jeweils besonders liebevoll vorbereiten. Da das Auge

bekanntlich mitißt, schmücken Sie den Tisch, stellen Sie Kerzen auf, nehmen Sie Ihr schönstes Geschirr und Besteck.

Gruppe 5, Überempfindlichkeit

Diese Menschen sollten der Ernährung überhaupt wieder mehr Zeit widmen, sie sollten sich mehr am Essen und allem, was dazu gehört, erfreuen.

Gönnen Sie sich also die Zeit, über einen schönen Wochenmarkt zu gehen, nehmen Sie die Farben, Formen und Gerüche bewußt auf, schenken Sie der Zubereitung Ihre Aufmerksamkeit und Energie, und lassen Sie sich genug Zeit zum Essen und Genießen.

Gruppe 6, Mutlosigkeit

Am wichtigsten ist es für Menschen, die mutlos oder verzweifelt sind, Dankbarkeit von der Seelenebene her zu entwickeln und zu stärken. Dazu können wir uns bewußt machen, daß wir – trotz aller widrigen Umstände – dankbar dafür sein dürfen (und sollten), daß wir überhaupt als Menschen leben und unser spirituelles Bewußtsein entwickeln können.

Nehmen wir uns vor jedem Essen eine Minute Zeit für ein Gebet, für einen Dank an die Schöpferkraft, daß wir Lebensmittel haben, um den physischen Körper zu ernähren und zu erhalten. Nehmen wir uns die Zeit, Familie und Freunde an der Hand zu halten und uns gegenseitig anzuschauen. Achten Sie beim Essen darauf, daß Sie genug essen! Und bringen Sie Ihren Kreislauf, Ihren Stoffwechsel und Ihr «Chi» durch viel Bewegung an der frischen Luft wieder in Schwung.

Gruppe 7, Überfürsorge

Sie kommen wieder besser zu sich selbst, indem Sie reichlich Wurzelgemüse essen (Sellerie, Kartoffeln, Schwarzwurzeln, Karotten, Zwiebeln).

Bachblüten und Mentalprogramme

Was sind Mentalprogramme?

Unser Denken und Fühlen «funktionieren» nach bestimmten Mustern und Gesetzen. Verstand und Gemüt wurden und werden laufend mit Informationen «gefüttert» und dadurch «geprägt».

Mit der Zeit entstehen aufgrund dieser Prägungen eigene, feste Strukturen, die nun beginnen, von sich aus unser Denken und Fühlen zu beeinflussen oder sogar zu bestimmen. Diese Vorgänge spielen sich nicht nur auf der Ebene des Tagesbewußtseins ab, sondern auch auf unter- und unbewußten Ebenen. Manche Menschen gehen davon aus, daß diese Prägungen nicht nur in diesem Leben erfolgen, sondern auch in der sogenannten pränatalen Phase; andere meinen, daß auch in sogenannten «früheren Leben» bereits Prägungen erfolgt sind.

Man könnte die Abläufe wie Denken und Fühlen, Informationen aufnehmen, speichern, verarbeiten und in Gefühlsmuster und Denkstrukturen umsetzen, mit den Vorgängen im Computer vergleichen. Wir Menschen sind voller «Programme», die wir und die Umwelt uns selbst im Laufe der Zeit geschaffen haben und die sich inzwischen teilweise so verselbständigt haben, daß sie als prägende Muster wirken, die unsere Wahrnehmung und Reaktionsweise aufgrund der alten Informationen bestimmen.

«Wie du denkst, so wirst du!» lautet eine alte Weisheit. Es stellt sich die Frage, ob die in uns gespeicherten Programme – die Einstellung, Verhalten und Reaktionen bestimmen – uns dienen oder nicht? Sind unsere Muster hilfreich, nützlich, sinnvoll? Dienen sie unserem Leben? Helfen sie uns dabei, daß wir uns entwickeln? Oder hemmen sie uns? Legen sie uns fest auf alte, überholte und falsche Programme?

Wir werden feststellen, daß viele – manche meinen, die meisten – der bisherigen Programme eher hinderlich als förderlich sind. Eine Ausnahme wäre es, wenn wir von klein auf unter der Anleitung von Weisen und Heiligen eine spirituelle «Programmierung» erfahren hätten.

Wie können wir uns von ungünstigen Programmen trennen? Wie können wir falsche oder schlechte Muster auflösen? Wie können wir uns neu und positiv programmieren?

Wenn wir geistig frei werden möchten, müssen wir meist erst regelrecht neu erlernen, umzudenken. Wir müssen alte Strukturen ablegen. Dann sollten wir uns mit Mentalprogrammen vertraut machen, die unserem Leben in jeder Hinsicht wirklich nutzen. Dazu mache ich Ihnen weiter unten einen Vorschlag.

Was haben Bachblüten und Mentalprogramme miteinander zu tun?

Dr. Bach hat beschrieben, daß die Ursache für Krankheiten in negativen Gemütszuständen zu suchen sind. Sieben Hauptursachen hat er genannt: Angst, Unsicherheit, ungenügendes Gegenwartsinteresse, Einsamkeit, Überempfindlichkeit, Mutlosigkeit und übertriebene Fürsorge.

Diese Gemütszustände sind nichts anderes als negative Mentalprogramme. Und die Bachblüten-Therapie ist nichts anderes, als die Auflösung negativer Mentalprogramme mit der positiven Heilkraft von Blüten. Deshalb ergänzen sich die Bachblüten-Therapie und das Mentaltraining auf wunderbare Weise.

Vorschlag für die Entwicklung eines Mentalprogramms

1. Fehlprogramm erkennen:
Wir müssen uns erst einmal klar darüber werden, welche Fehlinformation in unserem System gespeichert ist (vermutlich unbewußt) bzw. welche schädlichen Mentalprogramme uns psychosomatische Probleme bereiten. Das stellen wir entweder anhand immer wiederkehrender Beschwerden oder Alltagsprobleme fest, oder indem wir intuitiv erspüren, in welchem Bereich wir uns weiterentwickeln wollen oder sollten.

2. Negativprogramme durch Positivprogramme ersetzen:
Dann werden wir uns über unsere wahren Lebensziele und Lebenswünsche klar und untersuchen, inwieweit Fehlprogramme diesen schaden. Wir ersetzen nun die Negativprogramme durch Positivprogramme, welche unsere Ziele und Wünsche ausdrücken.

3. Das Positivprogramm auf allen Sinnes- und Wahrnehmungsebenen durch die Kraft der Vorstellung einprägen:
Durch innere Bilder, bildhafte Vorstellungen, ein vorwegnehmendes inneres Sehen und Hören, durch das Ausmalen der Ziele und Wünsche vor dem geistigen Auge, als ob wir sie schon jetzt in ihrer Vollendung erleben würden, geben wir den ausgewählten Positivprogrammen eine subjektive Wirklichkeit.

4. Das Positivprogramm in Form eines Kurzsatzes im Unterbewußtsein verankern:
Damit wir auch die Schichten des Unbewußten und des Unterbewußtseins erreichen, formulieren wir einen entsprechenden Kurzsatz, eine leicht eingängige «Affirmation», in der die Ziele und Wünsche in komprimierter, klarer, definitiver und positiver Form zum Ausdruck kommen.

Diesen Kurzsatz wiederholen wir mental – mit der Zunge der Gedanken – anfangs zwanzig Minuten lang täglich, in einem entspannten Zustand. Dabei rufen wir uns das entsprechende Bild und die subjektive Erfahrung auf der Ebene von Wahrnehmung und Sinnen ebenfalls wieder als bereits jetzt stattfindende Erfahrung in Er-Innerung.

Diese geistige Neuprägung mit demselben Kurzsatz erfolgt 21 Tage lang. (Erst danach sollte man zu einem neuen Ziel oder Wunsch und einem neuen Kurzsatz übergehen. Der Mentalsatz sollte deshalb sehr kurz sein, weil er sich dem Unterbewußtsein dann viel besser einprägt. Außerdem sollte er immer positiv formuliert werden, nicht verneinend, und natürlich darf er niemandem schaden. Also «Ich bin klar» anstatt «Ich bin nicht unklar.»)

Dazu ein praktisches Beispiel:
1. Fehlprogramm erkennen. Ich stelle fest, daß ich Minderwertigkeitskomplexe habe und unter Schüchternheit leide sowie ab und zu in

ein kindliches Verhalten zurückfalle. Hier hilft die Bachblüte Centaury.
2. Mein Ziel ist, sicher und unabhängig zu werden. Mein Wunsch ist, liebenswert und gleichzeitig doch auch klar zu sein.
3. Ich stelle mir den Endzustand vor und male mir aus, daß ich ganz bei mir bleibe, wenn mich ein Arbeitskollege kritisiert, daß ich im Umgang mit meinem Partner liebenswert bin, Liebe erhalte, Liebe gebe und gleichzeitig meine eigenen Bedürfnisse klar äußere.
4. Aus den drei Vorschlägen für kurze Mentalprogramme zur Bachblüte Centaury suche ich mir die Affirmation heraus, die für meine Situation am besten ist.
   - Ich bleibe bei mir.
   - Ich bin immer liebenswert.
   - Ich bin klar.

Mit diesem Kurzsatz arbeite ich nun 21 Tage lang.

Übrigens: Sie finden Vorschläge für einfache Mentalprogramme zu den einzelnen Bachblüten auf den Seiten, wo sie abgebildet sind. Die dazugehörigen Kurz-Affirmationen können Sie für sich benutzen, wenn Sie feststellen, daß Sie die eine oder andere Bachblüte brauchen.

(In meinen Kursen vermittle ich die Zusammenhänge noch ausführlicher und gebe Hilfen, individuelle Mentalprogramme zu finden.)

Eine kleine Warnung

An dieser Stelle paßt es vielleicht, vor zwei Ansätzen zu warnen, die immer mehr Menschen faszinieren. Es geht um eine krass materialistische Einstellung zum Mentaltraining und um «geistiges Heilen».

Es wäre völlig falsch zu erwarten, daß man nur mit Hilfe von Mentalprogrammen, Affirmationen und Kurzsätzen, mit denen man das Unterbewußtsein «neu programmiert», finanziellen «Erfolg» im Leben oder Wunderheilung erzwingen könnte usw.

Vielmehr «funktioniert» ein Mentalprogramm nur dann, wenn gleichzeitig eine spirituelle Bewußtseinsentwicklung vonstatten geht. Dazu gehört die Erkenntnis, daß wir auch selbst Verantwortung tragen für unser Leben und daß es gleichzeitig so etwas wie karmische oder schicksalhafte Bestimmungen gibt.

Krankheiten dienen manchmal dazu, daß wir zu Einsichten gelangen, für die wir uns sonst nicht öffnen würden. In anderen Fällen können Krankheiten auch unabwendbare Folgen unseres eigenen früheren Fehlverhaltens sein.

Die sogenannten Geistheilungen sind noch problematischer, weil einerseits oft deutliche Wirkungen auftreten und weil andererseits die energetischen Folgen auf der feinstofflichen Ebene für die meisten von uns völlig unsichtbar bleiben. Wer anderen direkt oder indirekt Geistheilung verspricht oder Methoden von Geistheilung anwendet, greift in das Karma ein, verschiebt Karma zeitlich und nimmt unwillkürlich selbst auch Karma auf. Die Heiligen sagen ganz deutlich: «Geistheilung wird von den Meistern verboten.» (Kirpal Singh) Es macht mehr Sinn, wenn man Patienten dazu ermuntert, sich direkt an Gott zu wenden bzw. sich für die «kosmische Heilenergie» zu öffnen, als sich zwischen einen Menschen und die Quelle der Schöpfung zu stellen.

Übrigens: Weder ich noch mein Koautor halten etwas davon, daß immer mehr Menschen – vermutlich mit guten Motiven – als «Heiler» oder «Heilerin» wirken wollen und dabei medizinische Hilfe versprechen, obwohl sie weder eine fundierte mehrjährige und anerkannte Fachausbildung hinter sich haben noch eine langjährige Behandlungspraxis bei Arzt, Krankenhaus oder in einer Naturheilpraxis, geschweige denn amtlich zugelassen sind.

Bachblüten und Qi-Gong-Atemtherapie

Qi Gong ist ein Übungssystem, welches in der traditionellen chinesischen Medizin (TCM) neben der Akupunktur und der Moxibustion sowie der Kräuterheilkunde einen bedeutenden Zweig der Heilkunde darstellt.

Die Übungen des Qi Gong basieren auf Gesetzmäßigkeiten, die von jedem erfahrbar und erlernbar sind. Sie sind weder kompliziert noch so fremdartig, daß sie in unserem westlichen Kulturkreis nicht praktiziert werden könnten.

Bei der richtigen Ausführung sind keinerlei Nebenwirkungen oder Komplikationen zu erwarten.

Es ist jedoch sehr wichtig, die Prinzipien dieser Lehre zu beachten und die Zusammenhänge und die wichtigsten Schlüsselpunkte zu verstehen.

Herkunft und Entwicklung des Qi Gong

Wie die gesamte TCM baut das Qi Gong auf Kenntnisse und Erfahrungen, die schon mehrere Tausende von Jahren alt sind. Schon damals erkannten die Chinesen, daß sie sich mit dieser Art von Übungen leistungsfähig erhalten, ihre Abwehrkräfte stärken und somit gesund und vital den Lebensabend erleben können.

In China wird folgende Geschichte erzählt, die sich vor 4000 Jahren ereignet hat:

«Nach langen Regenfällen, die den Tag zur Nacht machten, so daß hell und dunkel nicht zu unterscheiden waren, veränderte sich die Stimmung im Volk. Die Menschen verrichteten die Arbeit lustlos, ihre Gedanken wurden trübe, die Kraft schwand dahin. Sie wurden gebrechlich und erkrankten schnell. Da erfand der legendäre Herrscher Yao einen Tanz, damit sich die Leute bewegten, ihre Betrübnis verlor sich und ihre Vitalität und ihre Lebensfreude kamen zurück.»

Aus diesem Tanz sei, so erzählt man sich, das Qi Gong entstanden. Jedoch gab es zu dieser Zeit den Begriff Qi Gong noch nicht. Die Menschen nannten ihre Praktiken «Übungen zur Lebenspflege und Verlängerung des Lebens».

Aufzeichungen von diesen ersten Anfängen gab es nicht, da dieses Wissen nur von den Meistern und Lehrern mündlich an ihre Schüler weitergegeben wurde. Zum Teil handelte es sich auch um geheime Übungen, die nur für auserwählte Personen bestimmt waren, wie zum Beispiel die geheimen «Verjüngungskuren des Kaisers Hui Chun Gong».

Die taoistischen und buddhistischen Klöster sind eigentlich die offiziellen Geburtsstätten dieser Übungen zur Gesunderhaltung. Die Menschen widmeten sich hier viele Stunden am Tage der Konzentration und der Meditation.

Im Laufe der Zeit spürten einige Fortgeschrittene, daß während der Meditationsübungen bestimmte Punkte am Körper plötzlich vibrierten und warm wurden. In Eigenerkenntnis und sorgfältiger Arbeit erkannten sie Linien und Bahnen am Körper, die sie Meridiane nannten. Diesen Meridianen konnten sie die aus Eigenerfahrung gefühlten Punkte zuordnen. Die Meridiane und die zugehörigen Meridianpunkte waren somit entdeckt.

Diese Punkte, so fanden sie später heraus, konnten sie nicht nur von außen durch bestimmte spitze Gegenstände aktivieren, um eine Heilwirkung zu erreichen, sondern auch mit der eigenen, gezielten und konzentrierten Aufmerksamkeit in Verbindung mit bestimmten Bewegungen.

Die ersten Aufzeichungen wurden bei Ausgrabungen im Jahre 476 vor Christus gefunden. Auf einem Jadestab mit 12 Flächen stand Folgendes:

«Wenn man tief atmet, wird das Chi vermehrt, wenn man Chi in sich führen und nach Belieben leiten kann, wird es ruhig und kraftvoll. Beim Ausatmen steigt es kraftvoll nach oben bis zum Gipfel. Es wird Kontakt aufnehmen zum Himmel und zum Erdgeheimnis. Wenn man nach diesem Gesetz übt, wird man lange leben.»

Von 220 nach Christus stammen die ersten systematisch zusammengefaßten Schriften. Ein bekannter Arzt aus dieser Zeit schrieb Abhandlungen über Tierbewegungen. Er stellte fest, daß Nachahmungen der Bewegungen wie des Bären, des Affen, des Hirsches usw. die Gesundheit unterstützen und bei bestimmten Krankheiten Heilung brachten.

Über die Jahrhunderte hinweg entstanden unzählige und unterschiedliche Qi-Gong-Schulen und -Formen. Durch die politische Entwicklung wurde im 20. Jahrhundert das Qi Gong verdrängt – es wurde sogar unter Androhung von Strafe verboten. Insgesamt wurde die traditionelle chinesische Medizin als Aberglaube hingestellt.

Unter Mao Tse Tung wurde die TCM und die westliche Medizin vereinigt, und ab diesem Zeitpunkt konnte das Qi Gong zur Gesundheitsvorbeugung wieder praktiziert werden.

In der sogenannten «Kulturrevolution» von 1966 bis 1976 wurde Qi Gong als antirevolutionär angeprangert, so daß sich die Menschen mit der (öffentlichen) Ausführung von Übungen zurückhielten.

Nach dem Tode von Mao tauchten alte Qi Gong-Meister wieder auf und erneuerten die Hinwendung an diese alten Übungen. Da sich vor allem die älteren Menschen auf die erprobten Wirkungen von Methoden wie Akupunktur und Qi Gong wieder besannen, war die neue Regierung einsichtig. Sie unterstützte staatlich geführte Qi-Gong-Ausbildungs- und Forschungszentren. Es entstanden auch sehr viele Selbsthilfegruppen, die von Laien geleitet wurden.

In etlichen chinesischen Krankenhäusern gibt es eigene Qi-Gong-Abteilungen, in denen die Patienten diese Übungsweise erlernen, um ihre Krankheit positiv zu beeinflussen oder gar zu heilen.

In speziellen Qi-Gong-Kliniken (unseren Kurkliniken vergleichbar), werden zur Erhaltung und Wiederherstellung der Gesundheit die Patienten zu Qi-Gong-Übungen angeleitet sowie über gesunde Lebensweise unterrichtet.

Im heutigen China praktizieren viele Millionen Menschen unterschiedliche Qi-Gong-Formen täglich. Morgendliche Übungen werden im Park, im Schulhof oder auf dem Werksgelände angeboten. Diese Übungen sind aus dem Alltag nicht mehr wegzudenken.

Der Begriff Qi Gong

Der Name Qi Gong besteht aus den beiden Worten Qi (oder Chi) und Gong. Chi ist, wie im Kapitel «Grundlagen der Energie» beschrieben, die Antriebskraft aller physiologischen Funktionen. Es ist eine in bestimmten Bahnen unseres Körpers, den Meridianen, fließende Substanz. Es ist das Elementarste auf der Welt, ohne Chi ist kein Leben möglich. Es ist überall in der Atemluft, in den Nahrungsmitteln, im Menschen selbst. Chi ist die Grundlage allen körperlichen Lebens. Chi ist die Lebenskraft oder Lebensenergie, die alle Funktionen erhält, den Organismus wärmt und ernährt.

Das Wort Gong hat mehrere Bedeutungen:
- verdienstvolle Handlung
- Methode, Übung
- Arbeit in der Physik
- Erfolg

Übersetzt heißt es «Arbeiten mit dem Chi» oder «Üben mit dem Chi».

Qi Gong gibt uns somit die Fähigkeit, das Chi zu beeinflussen. Alle Übungen und Techniken dienen dazu, das Chi zu aktivieren und in Fluß zu bringen: Denn wenn das Chi in Harmonie fließt, ist der Mensch gesund und leistungsfähig. Umgekehrt fühlt sich der Mensch unwohl oder krank bei gestautem oder zu wenig Chi.

Was ist Qi Gong?

Chi Gong heißt also «Arbeiten am Chi, um das körperliche und seelische Gleichgewicht zu erlangen». In dieser Selbstheilungsmethode werden Körper und Entspannungsübungen, kontrollierte Atmung und Meditation miteinander verbunden. Wichtig ist die Gedankenkontrolle, um das Chi zu führen und in Fluß zu bringen.

Somit ist Qi Gong eine Technik, die eine aktive Verbindung von gezielter Atmung mit körperlichen Bewegungen und dem Potential der geistigen Kraft schafft.

Qi Gong besteht also aus 3 Grundpfeilern:
- Bewegung
- Atmung
- Konzentration (Gedanken)

Bewegung:
Für die Übungen des Qi Gong ist die richtige Körperhaltung Voraussetzung, um das richtige Verhältnis zwischen Anspannung und Entspannung zu ereichen. Qi Gong kann im Sitzen, Liegen oder Stehen geübt werden.

Atmung:
Sie hat eine zentrale Stellung beim Qi Gong. Die Atmung sorgt für das Abgeben von verbrauchtem Chi an und die gleichzeitige Aufnahme von frischem Chi aus der Atemluft. Dieser Austausch kann nicht nur über die Lungenatmung, sondern auch über Akupunkturpunkte an der Hautoberfläche erfolgen.

Die Lehren des Qi Gong kennen mehrere Techniken der Atmung, um dies zu ereichen: die Lungenatmung, die Bauchatmung, die Gegenbauchatmung.

Konzentration:
Die Aufmerksamkeit sollte entweder auf den Körper und seine Bewegungen und den Atem oder auf die Beobachtung der Bewegung des Chi gerichtet sein.

Dabei können sich körperliche Empfindungen wie Wärme und Kältegefühl oder Kribbeln, Jucken oder sonstige Wahrnehmungen einstellen.

Unterstützt werden diese Übungen durch auto-suggestive Vorstellungen vom Aufenthalt in wunderschöner Natur, von der Einatmung frischer Luft in völliger Sorglosigkeit usw. Wichtig ist die gefühlsmäßig positive Einstellung zu der jeweiligen Übung.

Begleitende Namen der Übungen wie z.B. «der Sonne zum Aufgang verhelfen» werden verinnerlicht, indem man sich das geistige Bild einer aufgehenden Sonne vorstellt, welche der Übende mit beiden Händen dabei unterstützt.

Diese 3 Grundpfeiler des Qi Gong stehen in ständiger Wechselwirkung:

- Die richtige Körperhaltung ist von Bedeutung, um durch Körperbewegungen wie Dehnung des Brustkorbs und des Zwerchfells ein optimales Atmen zu ermöglichen.
- Durch gezielte Atemtechnik können wir den Körper entspannen, so daß Chi leichter fließen kann.
- Um jedoch die korrekte Körperhaltung und die Bewegungen sowie die optimale Atemtechnik zu erspüren, brauchen wir die Konzentration der Gedanken und unsere Vorstellungskraft.

Der therapeutische Zweck der Qi-Gong-Übungen besteht – wie schon gesagt – darin, das Chi zu aktivieren und zum Fließen zu bringen. Um dies zu bewirken, ist es am Anfang sehr wichtig zu lernen, das eigene Chi zu spüren und später dann auch zu führen bzw. zu lenken.

Der Begriff Qi Gong ist sehr umfassend. Man kann ihn mit dem Wort «Musik» vergleichen. Die Anzahl der Qi-Gong-Übungen läßt sich so wenig schätzen wie die Anzahl der Musikstücke, die es auf der Welt gibt. Nur ein kleiner Teil ist bekannt. In China unterscheidet man zwei große Gruppen des Qi Gong: das «harte Qi Gong» und das «weiche Qi Gong».

Das harte Qi Gong ist für die chinesischen Kampfkünste wie Wu Shu und Karate gedacht. Es dient auch zur Grundlage für die wundervollen artistischen Leistungen. Dabei wird das Chi des Aktiven so gebündelt, daß ganze Backsteine zertrümmert werden können, oder so hart gemacht, daß selbst eine Schwertspitze nicht in den Körper eindringen kann, oder so leicht gemacht, daß der Akteur auf Eiern oder Nagelkissen laufen kann.

Wir wollen uns hier aber mit dem weichen Qi Gong befassen, welches der Gesundheitsvorsorge und zu Heilzwecken dient.

Das weiche Qi Gong hilft zur:

- Vorbeugung und Gesunderhaltung
- Stärkung der Atmung und des Kreislaufsystems

- Stärkung des Nervensystems
- Selbstregulierung und Selbstvitalisierung
- Unterstützung bei akuten und chronischen Erkrankungen
- Verbesserung des Appetits
- Unterstützung eines erholsamen Schlafs
- Beschleunigung der Rekonvaleszenz

Drei für den Zweck dieses Buches stark vereinfachte Qi-Gong-Übungen möchte ich Ihnen vorstellen, die
- das Chi stärken und zum Fließen bringen
- das Yin stärken und
- das Yang stärken.

Weitere Übungen können Sie in Kursen erlernen, die inzwischen auch an Volkshochschulen angeboten werden (siehe auch weitere Hinweise im Anhang).

Übung 1: Stärkung der Chi-Kraft

Diese Übung dient der Stärkung der Lebenskraft generell. Sie gibt Wärme und Sensibilität für das Erfühlen des Chi-Flusses. Die Übung besteht in einer Art «Massage» der Bauchorgane durch eine gedanklich gelenkte Atmung.

Ablauf der Übung:

- Sie stehen aufrecht, mit lockeren Knien, die Beine leicht auseinander.
- Sie machen die «Zungenbrücke», indem Sie (bei geschlossenem Mund) mit der Zunge den Kontakt zu den Vorderzähnen des Oberkiefers halten.
- Sie atmen langsam, ruhig und tief durch die Nase ein – und zwar in die Nieren hinein. Dazu stellen Sie sich vor, daß die frische Atemluft nicht nur in Lunge und Zwerchfell einströmt, sondern speziell auch in die Nierenzonen.
- Um diese Vorstellung zu unterstützen, können Sie ihre beiden Handflächen locker auf die rückwärtigen Flanken legen, auf die Nierenzone, und nun in Ihre Hände hineinatmen.

- Zum Ausatmen lösen Sie die «Zungenbrücke» wieder und atmen langsam, ruhig und tief durch die Nase aus.
- Diese Übung können Sie vier Atemzüge lang durchführen, insgesamt dreimal. Machen Sie zwischen jeweils vier Atemzügen eine kleine Pause.

Übung 2: Stärkung der Yin-Energie
Diese Übung dient dazu, die Yin-Energie zu stärken bzw. Blockaden im Yin-Fluß aufzulösen. Sie führt zur Mitte, gibt Struktur und Festigkeit. Diese Übung besteht ebenfalls in einer Form der gezielt eingesetzten Atmung, hier, um Yin aus der Erde in den Körper aufzunehmen.

Ablauf der Übung:

- Sie stehen aufrecht, mit lockeren Knien, die Beine leicht auseinander.
- Sie machen wieder die «Zungenbrücke».
- Beim Einatmen nehmen Sie die Hände langsam seitlich am Körper von unten nach oben etwa bis zur Kopfhöhe. Dabei halten Sie die Handflächen nach unten zur Erde.
- Stellen Sie sich gleichzeitig vor, wie sie mit der Einatmung die Kraft der Erde über die Handflächen und den Atem in Ihrem Körper aufnehmen.
- Zur Ausatmung lösen Sie wieder die «Zungenbrücke». Legen Sie während der Ausatmung beide Hände sanft auf die Zone unterhalb des Bauchnabels.
- Stellen Sie sich zum Abschluß vor, daß auch bei der normalen, alltäglichen Atmung die Yin-Energie der Erde in Sie einströmt.

Übung 3: Stärkung der Yang-Energie
Diese Übung dient dazu, die Yang-Energie zu stärken bzw. Blockaden im Fluß der Yang-Kraft aufzulösen. Diese Übung besteht wiederum in einer Form der gedanklich gesteuerten Atmung, jetzt, um Yang aus dem Himmel in den Körper aufzunehmen.

Ablauf der Übung:

- Sie stehen aufrecht, mit lockeren Knien, die Beine leicht auseinander.
- Sie machen wieder die «Zungenbrücke».
- Beim Einatmen nehmen Sie die Hände langsam seitlich am Körper etwa von der Hüfte an aufwärts bis über den Kopf nach oben. Dabei halten Sie die Handflächen nach oben zum Himmel.
- Stellen Sie sich gleichzeitig vor, mit der Einatmung die Kraft des Himmels über die Hände und den Atem in Ihrem Körper aufzunehmen.
- Zur Ausatmung lösen Sie wieder die «Zungenbrücke». Legen Sie während der Ausatmung beide Hände sanft auf die Zone unterhalb des Bauchnabels.
- Stellen Sie sich zum Abschluß vor, daß auch bei der normalen, alltäglichen Atmung die Yang-Energie des Himmels in Sie einströmt.

Bachblüten für Frauen

Die Menschen werden weich und zart geboren;
steif und hart sind sie im Sterben.
Pflanzen werden zart und biegsam geboren;
trocken und brüchig sind sie im Sterben.

Wer also hart und starr ist,
ist ein Schüler des Todes.
Wer weich und nachgiebig ist,
ist ein Schüler des Lebens.

(Lao Tse)

In der folgenden Übersicht möchte ich Ihnen Hinweise geben, welche Bachblüten sich in welchen Situationen im Leben der Frau besonders bewährt haben. Natürlich ist jeder Fall ganz individuell, deshalb sind diese Angaben nur als eine erste Orientierung zu verstehen.

Gerade Frauen sprechen oft sehr gut auf Bachblüten an – vielleicht, weil sie sensibler sind? Wenn mehrere Symptome bzw. Zustände und mehrere Bachblüten zur Auswahl stehen, prüfen Sie bitte, ob Sie eher eine Yin- oder eher eine Yang-Blüte brauchen! (Die Zuordnung der Bachblüten zu Yin und Yang finden Sie im 3. Kapitel.)

Bachblüten in der Schwangerschaft	
Agrimony	um die wahren Muttergefühle annehmen zu können
Aspen	gegen die Angst vor der Schwangerschaft und bei unklaren Zukunftsängsten
Elm	wenn man das Gefühl hat, die Verantwortung allein tragen zu müssen
Elm und Hornbeam	bei Angst, den täglichen Aufgaben nicht mehr gewachsen zu sein
Gentian, Gorse und Mustard	bei Depression und Verzweiflung während der Schwangerschaft
Holly	bei Aggressivität und um das Herz für die wahre Mutterliebe zu öffnen
Hornbeam	bei unerklärlicher Müdigkeit
Impatiens	gegen Ungeduld oder Gereiztheit
Mimulus	um Furcht und Sorgen zu überwinden
Olive	bei allgemeiner Erschöpfung
Olive und Wild Rose	bei Blutarmut
Pine	um sich von evtl. Selbstvorwürfen freizumachen
Red Chestnut	bei großer Unruhe und Besorgnis über die Schwangerschaft und das werdende Kind, bei Überängstlichkeit während der Schwangerschaft und bei zu großer Sorge um das Kind

Rescue Remedy	bei Angst vor der Geburt und als Schutz gegen Umweltgifte und Strahlungen und bei Schockerlebnis
Scleranthus	gegen das Unentschlossene, die Zweifel und die Veränderungen, die durch die Schwangerschaft ausgelöst werden und bei Schwangerschaftserbrechen
Scleranthus und Crab Apple	bei Übelkeit
Violet	gegen die Neigung, sich zurückzuziehen
Walnut	als Übergang – am Anfang und am Ende der Schwangerschaft
White Chestnut	wenn sich die Gedankenmuster immer wiederholen – für das innere Stillwerden
Wild Rose	bei schwierigen Schwangerschaften
Wild Rose und Clematis	um den Embryo mit der Erde zu verbinden

Bachblüten rund um die Geburt	
Agrimony	bei Verkrampfung und Schmerzen
Aspen und Mimulus	um die Angst zu überwinden
Elm und Hornbeam	zum Durchhalten
Gentian, Olive, Walnut und/oder Wild Rose	bei Wehenschwäche
Olive und Wild Rose	bei schwieriger Geburt mit viel Kraftverlust
Red Chestnut und Cherry Plum	wenn man nicht loslassen oder «hergeben» kann bzw. will
Rescue Remedy	zur Einleitung der Geburt, während der Geburt und gegen das Geburtstrauma des Säuglings
Rescue Remedy und Wild Rose	bei Todgeburt oder Fehlgeburt

Rescue Remedy, Olive oder Wild Rose	bei Frühgeburt oder Kaiserschnitt für Mutter und Säugling
Water Violet, Olive, Gentian oder Elm	bei Gefahr des Abortes

Bachblüten für die Mutter-Kind-Beziehung	
Agrimony	wenn sich das Kind leicht trösten läßt und bei verborgenem Kummer
Aspen und Mimulus	bei Angst vor Änderungen und Neubeginn
Centaury	wenn sich die Mutter für die Familie aufopfert und bei krankhafter Gutmütigkeit
Chicory	bei besitzergreifender Art von Liebe
Crab Apple	für Mütter, die eine Abneigung gegen das Stillen haben
Crab Apple und Cherry Plum	bei Putzfimmel und Waschzwang
Gorse	wenn man Hilfe von außen haben möchte
Holly	für mitfühlendes Verstehen und um universelle Liebe zu entwickeln
Impatiens	wenn man nervös und ungeduldig ist
Olive	bei totaler Erschöpfung durch Überforderung
Pinie	wenn man sich schuldig fühlt und sich Vorwürfe macht, für Mütter von chronisch kranken oder behinderten Kindern und für alleinerziehende Mütter, die das Gefühl haben, nicht genug zu tun
Red Chestnut	bei übertriebener Sorge um die Familie und bei Ablehnung von Sexualität oder unbefriedigter Sexualität

Red Chestnut und Chicory	wenn man unfähig ist, sich von Kindern zu lösen
Rescue Remedy	bei Schockerlebnissen
Rock Water	bei innerlicher Anspannung und bei (zu) hohen Idealen in der Erfüllung des Frauseins und in der Partnerschaft
Scleranthus, Wild Oat	bei plötzlichen Stimmungsschwankungen und Unzufriedenheit mit einer gegebenen Situation
Vervain	bei übermäßigem Streß, wenn man alles 150%ig machen will und wenn man andere missionieren will
Vine	wenn die Mutter das Kind als rebellisch empfindet

Bachblüten in der Kindheit

Agrimony	bei Nägelbeißen und für Kinder, die oft lügen
Agrimony oder Heather	für Kinder, die immer den Clown oder Kasperl spielen
Aspen	wenn nachts das Licht brennen muß, das Kind nicht allein schlafen kann und ins Bett der Eltern kommt, bei Alpträumen, Angst im Dunkeln und bei Schlafwandeln, für mißhandelte Kinder und für übermäßig empfindsame Kinder
Aspen oder Impatiens, Rock Rose	wenn das Kind nachts schreiend aus Alpträumen erwacht
Beech	bei Neigung zu Allergien
Beech, Crab Apple oder Star of Bethlehem	bei Allergien

Centaury	sehr gutmütig, fügsam und feige, um die Abwehrkräfte zu stärken
Cerato	für Kinder, die bei Klassenarbeiten immer das Richtige durchstreichen
Chestnut Bud	für Kinder, die im Diktat immer die gleichen Wörter falsch schreiben, für langsame Lerner und für Kinder, die zu lange vor dem Fernseher sitzen, bei Lernschwäche durch mangelnde Willensschwäche
Chestnut Bud oder Honeysuckle	bei Entwicklungsstörungen
Cherry Plum	bei hohem Fieber, für Bettnässer und für hysterische Kinder, die sich schwer beruhigen lassen
Cherry Plum, Crab Apple, Holly, Impatiens, Pine oder Star of Bethlehem	bei Heimweh
Chicory	wenn Kinder ständig Aufmerksamkeit fordern und bei Wutanfällen, für Kinder, die ewig am Rockzipfel der Mutter hängen, wenn die Eltern Druck durch das Eßverhalten bei Kindern spüren, oder wenn es um Erpressung durch Eßverhalten allgemein geht
Chicory, Willow oder Mimulus	bei grundlosem Weinen
Chicory, Holly, Mimulus, Crab Apple oder Willow	bei Neurodermitis

Chicory oder Wild Rose	für hilflose, unheilbar kranke und pflegebedürftige Kinder
Clematis	für Leseratten und Langschläfer, wenn Kinder beim Spielen die Zeit vergessen
Clematis, Honeysuckle, Walnut, Water Violet oder Willow Walnut	zu Beginn von Kindergarten und Schule
Crab Apple oder Water Violet	für Musterschüler
Gentian und Scleranthus	für «Scheidungswaisen», die zwischen Eltern hin- und hergerissen sind
Heather	für Kinder, die immer im Mittelpunkt stehen wollen, für Schnullerkinder und für altkluge Kinder
Holly	bei Eifersucht unter Geschwistern
Honeysuckle	bei Konzentrationsproblemen
Honeysuckle oder Mimulus Larch, Elm oder Mimulus	bei Prüfungsängsten
Impatiens	bei Frühgeburt, bei Folgen von Geburtstrauma, bei Wutausbrüchen, die schnell vergehen, bei der Neigung, schnell zu essen, bei nervösen Ticks, Wippen mit dem Stuhl, Fingertrommeln, nicht ruhig sitzen können und bei Einschlafschwierigkeiten
Impatiens und Chicory	bei Hyperaktivität, für den «Zappelphilipp»
Larch	wenn das Kind sehr schüchtern ist und leicht errötet
Mimulus	bei Geräuschempfindlichkeit

Mimulus	bei Schlafstörungen, wenn Kleinkinder beim Erwachen grundlos weinen, bei Angst vor Tieren, bei Allergien und wenn Kinder nicht alleine einschlafen wollen
Pine	für «unerwünschte» Kinder, bei Angst vor Bestrafung und wenn Kinder der «Sündenbock» der Klasse sind
Olive, Scleranthus, White Chestnut oder Clematis, Agrimony	wenn das Kind zu faul zum Lernen ist
Red Chestnut	zur Abnabelung für stillende Mütter und wenn die seelische Nabelschnur zwischen Mutter und Kind nicht durchtrennt ist
Vervain	wenn Kinder abends nicht ins Bett wollen und für übermäßig begeisterte Kinder
Vine	für «Besserwisser», in einer Trotzphase, für «kleine Tyrannen»
Walnut	beim Zahnen des Babys
Water Violet	für Wunderkinder und Kontaktprobleme durch Mangel an Offenheit
Wild Rose	für schlechte Esser
Wild Oat	für Kinder, die zuviel essen

Bachblüten in der Pubertät

Agrimony	wenn man leicht abgelenkt ist durch Reisen oder Parties oder eine «Just-for-fun-Einstellung» hat, bei nächtlichem Zähneknirschen und um Süchte loszuwerden wie Alkohol, Rauchen usw.

Agrimony und Cherry Plum	in schwierigen Pubertätsphasen
Aspen	bei Vergiftungen nach Drogeneinnahme
Beech	für ewige Nörgler und Kritisierer
Cerato	für Jugendliche, die alles nachmachen, was «in» ist
Chestnut Bud und Crab Apple	beim Gefühl von Häßlichkeit
Chicory	beim Gefühl, ungewollt und nie geliebt worden zu sein, und um eine lieblose Kindheit zu verarbeiten
Clematis	wenn man gerne lange schläft, bei Schlafsucht
Crab Apple	bei falschem Schamgefühl bzgl. Sexualität
Crab Apple, Walnut oder Larch	bei Jugend-Akne
Crab Apple und Rescue Remedy	beim Erleben der ersten Periode
Elm	für Hochleistungssportler, Wettkämpfer
Gentian	für Jugendliche, die viel schwarz tragen
Heather	wenn sich Jugendliche selbst gern zurückziehen, für Menschen, die aus einer Mücke einen Elefanten machen oder angeben, und für eitle Jugendliche
Holly	bei Rivalität und Eifersucht unter Freunden und Geschwistern, wenn Temperamentsausbrüche in Gewalt umschlagen, bei angestauten Emotionen und wenn man launisch oder frostig reagiert
Hornbeam	als Muntermacher, wenn man morgens gerne lange im Bett bleiben möchte
Hornbeam und Aspen	bei Prüfungen, Examen
Impatiens	bei Hautjucken

Impatiens	bei der Neigung, zu schnell zu essen
Larch	beim Stimmbruch der Knaben, bei mangelndem Selbstvertrauen, bei verdrängten Minderwertigkeitsgefühlen, wenn Jugendliche schüchtern bis zaghaft sind, auch bei Erröten und Stottern, bei Furcht vor ungewohnten Situationen und wenn man Krankheit als Vorwand für Untätigkeit benutzt, bei Schul- und Examensängsten
Mimulus	bei nervösem Kichern
Mustard	gegen depressive Phasen
Pine	wenn man als Kind unerwünscht war oder jeweils das andere Geschlecht sein sollte
Red Chestnut	zur Abnabelung von den Eltern
Red Chestnut und Holly	bei Liebeskummer
Rock Water	bei starren Ansichten und überstrengen Idealen, bei Menstruationsbeschwerden
Star of Bethlehem	zur Hilfe bei der Bewältigung einer Vergewaltigung, bei Drogenmißbrauch
Sweet Chestnut	bei Selbstmordgedanken
Wild Oat	bei Lebensunlust und wenn man unzufrieden ist, den Sinn des Lebens oder die Lebensaufgabe sucht

Bachblüten in der Phase der Frauwerdung

Agrimony	bei Angst vor Geldproblemen
Aspen	für vergewaltigte Frauen
Cerato	bei der Neigung, jede Mode und jede neue Diät mitzumachen

Cerato	wenn man kein Vertrauen in die eigene Meinung hat, wenn man andere ständig um Rat fragt und wenn man nicht auf seine innere Stimme hört
Cerato und Centaury	bei Abhängigkeit in der Partnerschaft
Chicory	bei Traurigkeit wegen Liebesverlust
Clematis	wenn man dazu neigt, Luftschlösser zu bauen
Elm	gegen das Gefühl, der Lebensaufgabe nicht gewachsen zu sein, um die Kraft zum Durchhalten zu stärken
Heather	wenn man im Mittelpunkt stehen möchte
Holly	um das Herz für wahre Liebe zu öffnen, bei Eifersucht und auch bei Aggressionen, die nicht abgebaut werden können, bei Angst vor Gefühlen oder Angst vor der Liebe
Larch	bei Minderwertigkeitsgefühlen
Mimulus und Elm	bei Prüfungsängsten
Pine	um sich von Schuld und Selbstvorwürfen frei zu machen
Red Chestnut	zur Loslösung vom Elternhaus
Rock Water	wenn man zu hart zu sich selbst ist und wenn man zu hohe Ideale hat
Sweet Chestnut	gegen das Gefühl der Auswegslosigkeit
Vervain	wenn man dazu neigt, seinen Weg fanatisch zu gehen
Water Violet	wenn man zu stolz und arrogant ist

Bachblüten in der Mitte des Lebens

Agrimony	wenn Alltagsprobleme überbewertet werden und bei inneren Qualen und Konflikten, die vor anderen versteckt werden

Agrimony, Holly oder Rock Water	wenn man nicht loslassen kann, bei Verstopfung
Aspen oder Red Chestnut	bei Migräne und Wetterfühligkeit
Centaury	bei der Neigung, sich für andere extrem aufzuopfern
Clematis	bei langweiliger Berufsarbeit
Elm	bei Mangel an Kampfbereitschaft, in der Phase vor den Wechseljahren und in der «midlife crisis», hilft bei der Aufgabe, sich neu zu orientieren
Elm und Vervain	bei einer zu hohen Erwartung an sich selbst
Gentian	bei Mangel an Glauben und Gottvertrauen
Goarse	bei Depressionen
Heather	bei übertriebener Beschäftigung mit den eigenen Problemen
Holly	bei Partnerschaftsproblemen
Hornbeam	wenn man sich von der täglichen Arbeit erschöpft fühlt und wenn man Stimulantien wie Kaffee, Tee, braucht
Impatiens	bei Schlaflosigkeit durch Anspannung, wenn man keine Kritik verträgt, bei Schilddrüsenüberfunktion, auch bei Hyperaktivität und Bluthochdruck
Impatiens oder Wild Oat	bei Frustrationen
Mustard	bei Stimmungsschwankungen, wenn man sich von einer schwarzen Wolke überwältigt fühlt
Oak	für Frauen, die ewig kämpfen
Pine	bei Schuldgefühlen und Selbstvorwürfen
Red Chestnut	bei Angst, dem Mann sei etwas Schlimmes zugestoßen
Red Chestnut und Chicory	bei der Trennung von Kindern und Partnern

Scleranthus oder Star of Bethlehem	bei Menstruationsbeschwerden
Sweet Chestnut	bei Seelenqualen und zur Loslösung aus einer selbstzerstörerischen Partnerschaft
Vine	bei Venenstauung und Ödemen
Water Violet	bei der Auseinandersetzung mit dem Partner
Wild Oat	bei Unzufriedenheit mit sich selbst und den anderen, wenn man sich selbst aufgibt
Wild Oat und Goarse	bei innerer Sinnlosigkeit oder fehlender Lebensaufgabe
Wild Rose	wenn man nicht annehmen will, was das Leben bringt

Bachblüten in den Wechseljahren	
Agrimony	bei Beklemmung und Druck in der Herzgegend
Aspen, Cherry Plum oder Rock Rose	bei klimakterischen Hitzewallungen
Aspen, White Chestnut oder Impatiens	bei Schlafstörungen
Aspen und Mimulus	bei Angst vor dem Altern
Beech	wenn man andere laufend kritisiert
Cherry Plum`	zur Änderung der sexuellen Einstellung
Chestnut Bud	bei Migräneanfällen
Chicory	bei Verlustängsten und Besitzenwollen, hilft, die erwachsenen Kinder aus dem Hause gehen zu lassen

Chicory	bei Steifheit und Schmerzen in den Fingergelenken
Clematis	bei kalten Händen und kalten Füßen
Elm	bei hormonellen Störungen
Hornbeam	bei Flucht in die Krankheit
Impatiens	bei Schweißausbruch und Herzrasen
Larch	bei Minderwertigkeitsgefühlen, wenn das Gefühl auftaucht, keine Frau mehr zu sein, bei Morbus Bechterew, Morbus Scheuermann und bei Osteoporose, Wirbelsäulenbeschwerden, hilft auch zur moralischen Wiederaufrichtung
Mustard	bei Melancholie und leichten Depressionen, die kommen und gehen, in depressiven Phasen
Scleranthus	bei Schwindel und Gleichgewichtsstörungen, bei allgemeinen Beschwerden in den Wechseljahren
Star of Bethlehem	bei Lebensangst durch ein seelisches Trauma
Sweet Chestnut	bei dem Gefühl der Einsamkeit
Walnut	zur Auseinandersetzung der Ablösung von der reifen Frau hin zum letzten Lebensabschnitt, als Hilfe für den neuen Lebensabschnitt, neutralisiert jede Veränderung im Leben eines Menschen, zur Öffnung für geistige und spirituelle Werte
Water Violet und Oak	wenn die Tränen selten fließen
White Chestnut	bei Gedankenblockaden durch unbestimmte Befürchtungen
Wild Oat	bei Verlust des Lebenssinnes
Willow	bei Verbitterung

Bachblüten zum Lebensabend	
Beech	um zu vergessen und zu vergeben
Centaury	wenn man schon aufgegeben hat, wenn man der seelische Fußabstreifer für die anderen ist
Cherry Plum	bei Morbus Parkinson, bei heftigen Schmerzen, die zum Wahnsinn führen, bei extremen inneren Verspannungen und Verhärtungen
Chestnut Bud	hilft, die vergangenen Lektionen des Lebens zu erkennen
Chicory	bei Flucht in Krankheiten, bei Rückfall in kindliche Verhaltensmuster, bei Angst vor dem Alleinsein und wenn man hilflos und pflegebedürftig ist
Clematis	bei Weigerung, in der Gegenwart zu leben, bei übertriebenem Schwelgen in Erinnerungen, wenn man sich auf den Tod freut, bei Auflösungstendenzen und bei Todessehnsucht, wenn man vom Tod als Erlösung träumt
Gentian	bei mangelndem Gottvertrauen
Gorse	gegen Hoffnungslosigkeit
Holly	um zu vergeben und mit anderen Frieden zu schließen
Holly und Olive	im Endstadium für unheilbare Krankheiten
Honeysuckle	wenn man sich nach der guten alten Zeit zurücksehnt, wenn man über den Verlust eines geliebten Menschen nicht hinwegkommt, bei nur noch schwachen Kindheitserinnerungen
Oak und Walnut	um das Sterben zu erleichtern

Olive	bei Energielosigkeit
Rock Rose	bei Angst vor dem Tod, bei Herzinfarkt und Schlaganfall, bei zu starkem Festhalten an alten Regeln und Prinzipien, bei übertriebener Religiosität, bei Nierensteinen und Gelenksteife, bei altersbedingtem Starrsinn und Eigenwilligkeit sowie bei zu strenger Selbstdisziplin
Star of Bethlehem	gegen Schock wegen des bevorstehenden Todes
Sweet Chestnut	beim Gefühl, von Gott getrennt zu sein
Walnut	für einen harmonischen Übergang in die andere Welt, schirmt von den Einflüssen anderer Menschen ab, beim Umzug ins Altersheim, auch beim Eintritt ins Pensionsalter
Wild Oat	bei Unzufriedenheit
Willow	bei Groll und Bitterkeit gegenüber anderen, bei Erstarrung und Neigung zu Verhärtung, bei notorisch klagender Stimme, wenn man nachtragend ist, leicht beleidigt ist und gerne schmollt

Wie finde ich meine Bachblüten? Wie wende ich sie an?

Blumen und Kinder sind wie Sterne,
sie öffnen des Menschen Herz…

(Christian Morgenstern)

Auswahl von Bachblüten

- Sie können Ihre Bachblüten intuitiv selbst auswählen.
- Sie können die Beschreibung der Blüten studieren und nach den Angaben über den jeweiligen Gemütszustand aussuchen.
- Sie können in einem guten Repertorium Ihre Symptome und die dazugehörigen Bachblüten nachschlagen.
- Sie können eine/n Therapeuten/in aufsuchen, zu dem/der Sie Vertrauen haben.

Zusätzlich gibt es eine Reihe von erprobten Testverfahren. Dazu gehören der kinesiologische Muskeltest, der «Greiftest» und der Heilblüten-Farbkartentest.

Muskeltest

Bei kinesiologischen Muskeltests prüft man die Spannung bzw. den Widerstand eines Muskels oder dessen Entspannung bzw. Nachgeben. Zunächst wird die Normalspannung eines Muskels festgestellt, zum Beispiel wie stark der Gegendruck des Arms ist, wenn man versucht, ihn herunterzudrücken. Dann nimmt die Testperson ein Bachblüten-Fläschchen in die andere Hand, und der Test wird wiederholt. Läßt die Spannung im getesteten Arm nach, eignet sich diese Bachblüte nicht. Nimmt die Widerstandskraft zu, so ist die entsprechende Bachblüte zur Stärkung der Gesundheit und für die Heilung förderlich. Dieser Test erfordert im Regelfall eine zweite Person, die einen testet. Eine für die Alltagspraxis leicht nachvollziehbare genaue Beschreibung von kinesiologischen Muskeltests finden Sie im Buch «Das Praxisbuch der Kinesiologie» von Leila Parker (siehe Literaturhinweise).

Greiftest

Dies ist ein einfacher Weg, um auf intuitive Weise zu den Bachblüten zu finden, die im Einzelfall angezeigt sind. Man stellt die 38 Fläschchen so hin, daß man die Etiketten mit den Namen nicht sehen kann. Dann hält man die Hand über die Bachblüten und sucht die Blüten heraus, welche die Hand energetisch aufladen. Ich rate dazu, 1, 2 oder höchstens 3 Bachblüten auszusuchen.

Farbkartentest

Meine Kollegin Ingrid S. Kraaz hat mit meinem Koautor Wulfing von Rohr Bachblüten-Farbkarten entwickelt. Diese Karten zeigen auf der Vorderseite die 38 Bachblüten und Heilgedanken bzw. Affirmationen zu den Blüten, auf der Rückseite Heilfarben und Meditationsfarben, die zu den entsprechenden Bach-Gruppen gehören. Diese Karten eignen sich zum intuitiven Finden der Bachblüten. Die genaue Anleitung zur Auswahl ist im Kartenset enthalten. Sie haben sich vor allem auch für Kinder bewährt und bei Menschen, die sich mit Symptomen und Beschreibungen des Gemütszustands nicht mental auseinandersetzen wollen oder eine schwach entwickelte verbale Kommunikation haben.

Anwendung

Die Bachblüten-Mittel eignen sich

- zur oralen Einnahme
- zur Einreibung (zum Beispiel an bestimmten Akupunkturpunkten)
- zur Mund- und Zahnfleischspülung

Die Blütenmittel gibt es als sogenannte «stock bottles» oder kleine Vorratsfläschchen in zwei Größen zu kaufen.

Orale Einnahme

In der oralen Einnahme wird normalerweise 1 Tropfen aus dem Vorratsfläschchen mit 10 Milliliter (etwa 3 Eßlöffel) reinem Quellwasser ohne Kohlensäure (zum Beispiel Volvic oder Vittel) vermischt. Von dieser Mischung nimmt man viermal täglich je 4 Tropfen, bis die Mischung aufgebraucht ist bzw. man spürt, daß die Behandlung beendet werden kann. Das stellt sich oft einfach schon dadurch heraus, daß man vergißt, die Tropfen einzunehmen.

Längere Einnahmezeit – Reisen

Sollten solche Mischungen länger unbenutzt stehen – länger als 10 bis 14 Tage – oder auf Reisen mitgenommen werden, dann empfiehlt es sich, dieser Mischung 5-10 Tropfen Alkohol zuzugeben, am besten 30-40% klaren Alkohol (zum Beispiel Kirschwasser).

Einnahme pur

Die Einnahme pur ist durchaus dann angezeigt, wenn ein akuter Notfall vorliegt.

In dieser Situation kann man 1-2 Tropfen aus dem Vorratsfläschchen auf die Zunge träufeln (zum Beispiel Star of Bethlehem oder Rock Rose).

Einreibung

Bei Kindern oder bewußtlosen Menschen kann man die Bachblüten (sowohl die 1-2 Tropfen pur in Notfällen als auch die normale Mischung in anderen Situationen) in die Ellenbeuge oder an jede andere leicht zugängliche Hautstelle einreiben.

Bei Magen- und Darmstörungen können Tropfen der Mischung direkt auf die Schmerzzone geträufelt und dann in kreisförmigen Bewegungen eingerieben bzw. einmassiert werden.

Bei allgemeinem Energiemangel kann man, um die Chi-Kraft zu stärken und wieder gut in Fluß zu bringen, 1 oder 2 Tropfen der ausgewählten Bachblüte auf den «Hara-Punkt» etwa zwei Fingerbreit unterhalb des Bauchnabels einreiben.

Wer sich mit Akupunktur- und Akupressurpunkten gut auskennt, wird die Bachblüten auch gezielt auf solche Energiepunkte einreiben; z.B. bei Schlafstörungen auf Herz 7.

Mund- und Zahnfleischspülungen

Sie können das Zahnfleisch bei akuten Entzündungen behutsam direkt mit einem sauberen Finger einreiben, und zwar sowohl mit einer Mischung von Bachblüten oder auch mit einigen Tropfen pur. Dazu nimmt man meist das Notfallmittel. Sie können zur Einreibung auch ein Q-Tip nehmen.

Bei Halsentzündungen können die ausgewählten Mittel in ein Glas Wasser gegeben und mit diesem Wasser gegurgelt werden.

Wieviele Bachblüten miteinander kombinieren?

Dr. Edward Bach hat wohl die Kombination und gemeinsame Anwendung von bis zu 5-6 Blütenmitteln als sinnvoll oder zumindest möglich betrachtet.

Nach den bisherigen gängigen Erfahrungen ist jedoch zu raten, nicht mehr als 3-4 Blütenmittel gleichzeitig anzuwenden. Ich empfehle und nehme 1-3 Bachblüten.

Die Wirkung der Einzelblüte ist gezielter und auch deutlicher spürbar – was für Menschen, die dieser Therapieform eher skeptisch gegenüberstehen, auch ein wichtiges Argument sein kann.

Wenn alte, chronische Prozesse und Beschwerden auf eine Bachblüte besonders hinweisen, wird empfohlen, diese als einziges Blütenmittel über eine längere Zeit einzunehmen (zum Beispiel Star of Bethlehem bei lange zurückliegenden Schocks, während der Schwangerschaft oder bei der Geburt).

Anwendung ohne Einnahme

So überraschend das für manche LeserInnen klingen mag: Die heilsamen, harmonisierenden Schwingungen der Bachblüten wirken sogar auch ohne körperliche Einnahme!

Krankheit beruht nach Bach bekanntlich auf einer Disharmonie in der Persönlichkeit, die entsteht, weil sich das Ego nicht (mehr) von der Seele leiten läßt. Die wahre Heilung passiert auf einer inneren Bewußtseinsebene.

Daher kann bereits die bewußte Zuwendung zu jenen Bachblüten, die sich auf unser Gemüt und auf unser Problem beziehen, eine Heilung bewirken: Wenn wir unseren Zustand erkennen und wirklich bereit sind, das Ich für die Führung durch die Seele zu öffnen, wenn wir die Willenskraft entwickeln, die höhere göttliche Harmonie in unserem Leben zu verwirklichen.

Bei der mentalen Transformation von chronischen disharmonischen Denkstrukturen und Verhaltensmustern ist eine fachkundige Begleitung durch einen versierten Therapeuten ratsam.

Zweifel an der Wirksamkeit mancher Präparate

In der Heilpraxis taucht immer wieder die Problematik auf, daß manche Bachblüten-Präparate nicht oder nicht so gut, dieselben Bachblüten aus einer anderen Herstellung jedoch sehr gut wirken. Daraus ergibt sich nach unserer Meinung, daß Sie bei der Auswahl der Bachblüten sehr sorgsam sein und sich vergewissern sollten – soweit das möglich ist –, ob die Mittel (noch) in geistiger Übereinstimmung mit den Heilgedanken von Dr. Edward Bach hergestellt werden, ob der

Umgang mit seinem Gedankengut und den Blütenmitteln seinen hohen ethischen Anforderungen gerecht wird, und ob Sie selbst sich bei den ausgewählten Mitteln energetisch gut fühlen.

Nebenwirkungen?

Allgemein gilt: Sie können die Bachblütenmittel unbesorgt um Nebenwirkungen oder Nachwirkungen anwenden, auch in Notfällen oder bei Unglücken. Mit den Bachblüten können Sie den psychischen Zustand eines Patienten stabilisieren, auch in akuten Situationen, bis gezielte fachkundige medizinische Betreuung zur Verfügung steht.

Spirituelle Energiearbeit

Das Glück deines Lebens hängt von der Beschaffenheit deiner Gedanken ab.

(Marc Aurel)

«*Was nützte es dem Menschen, wenn er die ganze Welt gewönne, und nähme doch Schaden an seiner Seele?*» So fragte Jesus Christus die Menschen seiner Zeit. Wir können diese Frage für unser Thema neu fassen: «*Was nützte es dem Menschen, wenn er zeitweise die beste Gesundheit an Körper, Gemüt und Verstand erlangte, und doch krank an Seele und Geist wäre?*»

Mindestens genauso wichtig wie unsere psychosomatische Heilung ist unsere spirituelle Heilung. Die Hauptursache für Orientierungslosigkeit und Unfrieden, für Not und Krieg, für Todesfurcht und Lebensangst besteht darin, daß wir die Verbindung zu unserem Ursprung verloren haben.

Wir erleben uns fast nur als Körper, wir kennen weder die Seele noch ihren göttlichen Ursprung. Die heilige Schrift fragt: «*Wisset ihr nicht, daß ihr der Tempel Gottes seid und der lebendige Geist in euch wohnt?*»

Nach Dr. Edward Bach (Ges. Werke, S. 114) gibt es 7 Stufen der Heilung, nämlich: Frieden, Hoffnung, Freude, Glauben, Gewißheit, Weisheit und Liebe. Wie gelangen wir jedoch zur Verwirklichung dieser Qualitäten in unserem Leben?

Alle Heiligen – die sowohl selbst heil sind wie anderen Heil bringen und damit Seelen-Heiler sind – sagen übereinstimmend, gleich, welcher Religion, welcher Zeit, welchem Stand oder welcher Kultur sie angehören: Erst die Re-ligio, die Rück-Verbindung der Seele mit Gott bringt wahres und dauerhaftes Heil. Erst, wenn der Mensch beginnt, in seinen Körpertempel nach dem dort wohnenden göttlichen Geist zu suchen, hat er eine Chance auf Heilung.

Diese Einkehr, Rückverbindung oder Innenwendung nennt man auch Meditation oder Kontemplation. Wenn sie auf die rechte Weise erfolgt, nennt man sie spirituelle oder heilende Meditation.

Die höchste Form der Meditation besteht darin, daß der menschliche Geist an den Sitz der Seele kommt, also zum dritten Auge gelangt, und dort die Verbindung mit dem inneren göttlichen Licht der Liebe und mit der segensreichen inneren Musik aufnimmt.

Dieses schattenlose Licht und dieser süße Klang sind wie Manna und Ambrosia für Seele und Körper. Die Verbindung mit dieser Kraft heilt organische Gebrechen, schenkt dem Gemüt Frieden, dem Geist Klarheit und Kreativität und zieht die Seele empor in die lichten Höhen ihrer ewigen Heimat bei Gott.

Das innere Licht und der innere Klang sind die besten «Heilmittel», die es überhaupt gibt. Sie sind höchstwirksam, kosten nichts und können von jung und alt, gebildet oder ungebildet, gesund oder krank «eingenommen» werden.

Wie diese heilende Meditation ausgeführt wird, kann man im Buch «Heilende Meditation» (im 4. Kapitel) nachlesen und an zahlreichen Orten erlernen (siehe Adressenhinweise im Anhang).

Die Lehrer der heilenden Meditation empfehlen uns, auf der irdischen Ebene das Notwendige für unsere Heilung und Gesundheit zu tun – sei es mit Mitteln der indischen oder chinesischen Medizin, durch Naturheilkunde oder westlich-wissenschaftliche Medizin. Sie raten aber auch dazu, die Heilung des höchsten Aspektes des Menschen genügend zu beachten und dafür die «spirituelle Medizin» der bewußten Verbindung der Seele mit der Gotteskraft anzuwenden.

Worte für Ihren Weg

In dieser Arbeit haben wir uns bemüht, Zusammenhänge zwischen der traditionellen chinesischen Medizin und der Bachblüten-Therapie aufzuzeigen und daraus praktische Anwendungen für Gesundheit und Heilung abzuleiten.

Natürlich ließe sich zu den einzelnen Themenkreisen noch viel hinzufügen, man könnte sehr viel tiefer einsteigen – keine Arbeit dieser Art wird je vollständig und abgeschlossen sein können.

Wir haben uns auf das Wesentliche beschränkt, um über die Beschäftigung mit dem Tao und den Bachblüten zu mehr Gesundheit und Lebensfreude zu gelangen.

Mein tiefer Wunsch ist, daß Sie Ihre persönliche Aufgabe im Leben erkennen dürfen, daß Ihnen Zusammenhänge und Hintergründe des Wie und Warum Ihres Lebens beginnen einzuleuchten.

Mögen Sie durch die Bachblüten, das Mentalprogramm und die Qi-Gong-Übungen die Kraft erhalten, um Ihre bereits vorhandene, angeborene Schönheit der Seele mit der allumfassenden Liebe wie einen Edelstein zu polieren, um die Eigenschaften der Harmonie, der Güte und des Friedens leuchten zu lassen.

Strahlen Sie dieses innere Glück in Ihr Umfeld aus, erleben Sie bewußt jeden Schritt auf dem Weg zu Erfüllung und Sinn – und sei er noch so klein.

Jedes Bemühen wird vom Himmel belohnt. Zögern Sie nicht, gehen Sie vorwärts auf Ihrem Lebensweg – zielgerichtet in die Mitte, in die Ganzheitlichkeit. Öffnen Sie Ihre Seele für die Allgegenwart und Allkraft des Tao, des Himmels, des Göttlichen – also für jene Kraft, die unserer Seele Nahrung gibt.

Von Herzen wünsche ich Ihnen Gesundheit oder Gesundung, Bewußtwerdung und Heilung und vor allem Liebe und Gnade «von oben» in reichem Maße. Mögen Sie nicht nur an Körper und Gemüt gesund sein oder gesund werden, sondern auch die Heilung des Geistes durch die Öffnung für das Göttliche in sich selbst erfahren dürfen.

Anhang

Nachschlage-Register

Bachblüten mit englischen und deutschen Namen und üblichen Nummern, geordnet nach sieben Gruppen, wie Dr. Edward Bach sie einteilte.

1. Gruppe: Angst – Heilkraft ist Urvertrauen
Rock Rose (26) – Gelbes Sonnenröschen
Mimulus (20) – Gefleckte Gauklerblume
Cherry Plum (6) – Kirschpflaume
Aspen (2) – Zitterpappel
Red Chestnut (25) – Roste Kastanie

2. Gruppe: Unsicherheit – Heilkraft ist Selbst-Bewußt-Sein
Cerato (5) – Bleiwurz
Scleranthus (28) – Einjähriger Knäuel
Gentian (12) – Bitterer Enzian
Gorse (13) – Stechginster
Hornbeam (17) – Hainbuche
Wild Oat (36) – Waldtrespe

3. Gruppe: Mangelndes Interesse an der Gegenwart – Heilkraft ist aktive Anteilnahme
Clematis (9) – Weiße Waldrebe
Honeysuckle (16) – Jelängerjelieber
Wild Rose (37) – Heckenrose
Olive (23) – Olive
White Chestnut (35) – Weiße Kastanie
Mustard (21) – Ackersenf
Chestnut Bud (7) – Knospe der Roßkastanie

4. Gruppe: Einsamkeit – Heilkraft ist Eins-Sein
Water Violet (34) – Sumpfwasserfeder
Impatiens (18) – Drüsentragendes Springkraut
Heather (14) – Heidekraut

5. Gruppe: Überempfindlichkeit für Einflüsse – Heilkraft ist Eigenverantwortung
Agrimony (1) – Odermennig
Centaury (4) – Tausendgüldenkraut
Walnut (33) – Walnuß
Holly (15) – Stechpalme

6. Gruppe: Mutlosigkeit und Verzweiflung – Heilkraft ist Dankbarkeit
Larch (19) – Lärche
Pine (24) – Föhre
Elm (11) – Ulme
Sweet Chestnut (30) – Edelkastanie
Star of Bethlehem (29) – Goldiger Milchstern
Willow (38) – Weide
Oak (22) – Eiche
Crab Apple (10) – Holzapfel

7. Gruppe: Übertriebene Sorge um das Wohl anderer – Heilkraft ist Unterscheidungskraft
Chicory (8) – Wegwarte (Zichorie)
Vervain (31) – Eisenkraut
Vine (32) – Weinrebe
Beech (3) – Rotbuche
Rock Water (27) – Heilquellenwasser

Bachblüten geordnet nach der Numerierung von 1 bis 38

Literaturangaben

Zur Bachblüten-Therapie

Blumen, die durch die Seele heilen. Die wahre Ursache von Krankheit – Diagnose und Therapie, Edward Bach, München 16. Aufl. 1995.

Gesammelte Werke – Von der Homöopathie zur Bach-Blütentherapie, Dr. Edward Bach, Grafing 1996.

Die richtige Schwingung heilt, Ingrid Kraaz & Wulfing von Rohr, München 1996. Bachblüten-Therapie in Originaltexten und als Kombination mit anderen Naturheilmethoden. Einsteigerbuch und Hausapotheke.

Bach-Blüten und spirituelle Heilung – Eine Synthese von Farbtherapie und Blütenessenzen, Ingrid Kraaz & Wulfing von Rohr, München 1993. Die Verknüpfung zweier wichtiger Naturheilverfahren; mit 39 Meditations-Farbkarten.

Die Heilblüten-Farbkarten, Urania/AGM-AGMüller CH-Neuhausen 1989.
Karten mit Bach-Blüten, Heilfarben und Heilgedanken. Schnelleres Finden der richtigen Bachblüten.

Das Bachblüten-Wunder, Julian und Martine Barnard, München.

Zur chinesischen Medizin

Das heilende Tao – Gesund im Gleichgewicht der fünf Elemente, Achim Eckert, Freiburg 1996.

Das Tao der Frau, Maitreyi Piontek & Wulfing von Rohr, Kreuzlingen 1996.

Allgemeine Gesundheitsliteratur

So bleiben Sie gesund! Die sieben Säulen der ganzheitlichen Gesundheitsvorsorge, Wulfing von Rohr, CH-Münsingen/Bern1996.

Das Praxisbuch der Kinesiologie, Leila Parker, München 1996.

Zur spirituellen Entwicklung

Heilende Meditation, Rajinder Singh, Urania Verlag CH-Neuhausen 1996. Das beste Meditationsbuch von einem wirklich kompetenten Lehrer mit praktischer Anleitung zur Lichtmeditation am 3. Auge!

Liebe auf Schritt und Tritt – Das Wunder der inneren Welt, Darshan Singh, CH-Münsingen 1991. Ein liebevoller Begleiter auf dem Weg der Entfaltung der Seele.

Karma – Das Gesetz von Ursache und Wirkung, Kirpal Singh, Bern 1983. (Wir empfehlen nur diese Originalausgabe!)

Das Buch der Meister – Warum wir sie brauchen, wie man sie erkennt, Wulfing von Rohr, Düsseldorf 1997.

Es steht geschrieben – Ist unser Leben Schicksal oder Zufall? Wulfing von Rohr, Kreuzlingen 1996.

Über die Autorin

Beate Sprissler ist umfassend ausgebildete und zugelassene Heilpraktikerin, diplomierte Mentaltrainerin und Lebensberaterin und hat die dreijährige Ausbildung in «Traditioneller Chinesischer Medizin» (TCM) erfolgreich abgeschlossen.

In ihrer Naturheilpraxis widmet sie sich vor allem den Gebieten Klassische Homöopathie, Bachblüten-Therapie, Gesprächsberatung, Akupunktur und Akupressur sowie Massage und Chiropraktik. Zusammen mit ihren Patienten findet sie den individuell sinnvollsten und erfolgversprechendsten Behandlungsplan heraus, ohne sich auf eine einzige Heilweise oder ein einziges Heilmittel festzulegen.

Neben ihrer Heilpraxis hält Beate Sprissler Seminare für Laien zu den Themenkreisen Bachblüten, Mentaltraining, Yin-Yang-Kurse und Energiearbeit. Sie ist Beauftragte des Fachverbands der deutschen Heilpraktiker in ihrer Region für den Arbeitskreis «TCM» und hält Fachfortbildungen für BehandlerInnen. An der Volkshochschule gibt sie Grundlagenkurse für Laien über Homöopathie und Energielehre.

Sie ist Mutter zweier Kinder und inzwischen auch glückliche Großmutter. Sie lebt und praktiziert in Radolfzell am Bodensee.

Beate Sprissler
Naturheilpraxis, Seminare und Workshops
Scheffelstraße 4
D-78315 Radolfzell
Telefon und Fax (07732/54140)

Über den Koautor

Wulfing von Rohr ist Sachbuchautor und Fernsehjournalist. Er hat 1978 als erster Bücher von Dr. Edward Bach in den deutschen Sprachraum gebracht und die Lehren von Dr. Bach bekannt gemacht.

Er hat über 25 Bücher als Koautor mit Naturheiltherapeuten geschrieben, zu Themen wie Schwingungsmedizin, Bachblüten, Farbtherapie, Alta Major, Reiki u.v.a.

Selbst hat er eine Reihe von Büchern zu spirituellen und esoterischen Themen verfaßt. Im Urania Verlag sind von ihm zwei Bücher über Astrologie und «Die Kraft der Engel» erschienen.

Wulfing von Rohr ist mit seiner Frau Ursula Maria von Rohr Programmleiter der Innsbrucker Gesundheitstage und anderer öffentlicher Veranstaltungen zu Gesundheit, Heilung und Bewußtwerdung. Beide leben in Santa Fe, Neu Mexiko.

Heilen durch die Kraft der Natur.

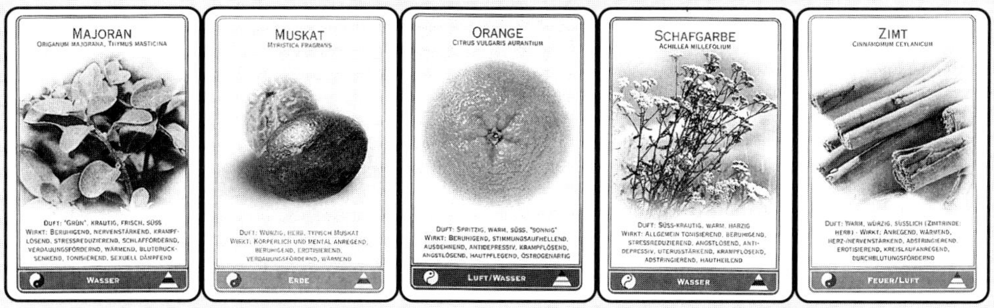

Erich Keller

AROMATHERAPIE-KARTEN

Die Aromatherapie-Karten sagen, was die Aromatherapie bewirken kann und wie man die Duftessenzen richtig verwendet. Durch Ziehen, Legen und Deuten der Karten wird ein intuitiver Zugang zur Heilkraft der Düfte eröffnet: ob zur Anregung oder zur Beruhigung, um innere Klarheit zu gewinnen oder um eine harmonische Atmosphäre zu schaffen.

Aromatherapie-Karten
64 Bildkarten, 5 Anleitungskarten
ISBN 3-905017-44-X

Ingrid Kraaz/Wulfing von Rohr

HEILBLÜTEN-FARBKARTEN-SET

Eine ebenso einfache wie kreative Methode, um die wohltuenden Kräfte von Heilblüten-Essenzen und Farben an sich selbst zu erfahren. Der Gebrauch der Heilblüten-Farbkarten lehnt sich an bekannte und bewährte Methoden des Kartenlegens an. Dadurch gelangt man intuitiv zu der richtigen Heilblüten-Essenz nach Dr. Edward Bach. Die Wirkung der Essenz wird durch eine Farbmeditation ergänzt. Affirmationen unterstützen die Heilimpulse im Unterbewußtsein.

Original Heilblüten-Farbkarten-Set
Buch und Karten
ISBN 3-905017-09-1

Original Heilblüten-Farbkarten
77 Karten mit Anleitung
ISBN 3-905017-12-1

Original Heilblüten-Farbkarten
Buch 99 Seiten
ISBN 3-905017-08-3